Akzente

Wissenschaftliche Reihe des interdisziplinären Instituts Technik-Theologie-Naturwissenschaften (TTN) an der Ludwig-Maximilians-Universität, München

in Verbindung mit dem Vorstand und dem Beirat des Instituts TTN

herausgegeben von

Erhard Ratz (Geschäftsführer des Instituts TTN)

Band 7

2., verbesserte Auflage

Ernst-Ludwig Winnacker
Trutz Rendtorff
Hermann Hepp
Peter Hans Hofschneider
Wilhelm Korff

Gentechnik: Eingriffe am Menschen

Ein Eskalationsmodell zur ethischen Bewertung

2., verbesserte Auflage

unter Mitarbeit von
Anja Haniel (verantwortliche Redaktion)
Christian Kupatt
Christian Schwarke

Akzente 7

Herbert Utz Verlag Wissenschaft
München 1997

ISBN 3-89675-037-2

Die Deutsche Bibliothek - CIP-Einheitsaufnahme

Gentechnik: Eingriffe am Menschen : Thesen zu Kriterien einer ethischen Bewertung ; ein Eskalationsmodell / Ernst-Ludwig Winnacker ... Unter Mitarb. von Anja Haniel ... - 2., verb. Aufl. - München : Utz, Wiss., 1997
(Akzente ; 7)
ISBN 3-89675-037-2

Printed in Germany by drucken + binden gmbh, München

Herbert Utz Verlag Wissenschaft, München
Tel.: 089/3077-8821 - Fax: 089/3077-9694
Internet: http://www.conveyor.com/utz/

INHALTSVERZEICHNIS

Geleitwort

Das Institut Technik-Theologie-Naturwissenschaften (TTN) an der Ludwig-Maximilians-Universität München (LMU) existiert seit 1993. Es hat sich den interdisziplinären Dialog über ethische Fragen aus den Bereichen Naturwissenschaft und Technik zum Ziel gesetzt. Getragen von zahlreichen Persönlichkeiten und Einrichtungen will es durch wissenschaftlich fundierte Arbeiten zur ethischen Willensbildung in der Wissenschaft und damit in der Gesellschaft beitragen.

Nach der Meinung vieler Zeitgenossen bedarf die Gentechnik aufgrund ihrer vielfältigen Einsatzmöglichkeiten und ihrer tiefgreifenden Wirkungen ganz besonders der ethischen Reflexion. Dieses gilt vor allem dann, wenn sie sich auf den Menschen richtet. Zahlreiche Anfragen an das Institut haben zur Gründung einer Arbeitsgruppe geführt, die unter der Leitung der beiden wissenschaftlichen Direktoren von TTN, Professor Ernst-Ludwig Winnacker, Leiter des Münchner Genzentrums, und Professor Trutz Rendtorff, Evang.-Theol. Fakultät an der LMU, stand. Darüber hinaus arbeiteten in dieser Gruppe mit: Professor Peter Hans Hofschneider, Direktor am Max-Planck-Institut für Biochemie, Martinsried, Professor Hermann Hepp, ärztlicher Direktor der gynäkologischen Abteilung des Klinikums Großhadern, und Professor em. Wilhelm Korff, Kath.-Theol. Fakultät der LMU München. Aus dem Institut wirkten Frau Dr. rer. nat. Anja Haniel (Biologin, verantwortliche Redaktion), Dr. theol. Christian Schwarke und Dr. med. Christian Kupatt (Arzt und Theologe) mit.

Den Beteiligten ging es darum, ethische Kriterien für gentherapeutische Anwendungen am Menschen zu entwickeln. In interdisziplinärer Zusammenarbeit entstand ein ethisches Eskalationsmodell, das die verschiedenen Eingriffsmöglichkeiten zunächst beschreibt, sie anhand von Fallbeispielen konkretisiert und sie hinsichtlich ihrer Eingriffstiefe, ihrer Wünschbarkeit und ihrer Vertretbarkeit in sieben Stufen einordnet. Die Beurteilungen reichen von „ethisch unbedenklich“ bis „aus ethischen Gründen radikal abzulehnen“.

Innerhalb des teilweise sehr kontrovers geführten Meinungsstreites über die Gentechnik will dieses Modell zu einem ethisch verantwortlichen Umgang mit der Gentechnik am Menschen hinführen. Dieses könnte für alle diejenigen Personen hilfreich sein, die beruflich mit der Gentechnik und ihrer Anwendung befaßt sind: Forscher und Ärzte. Eine auch für den Laien verständliche *Einführung in die Gentechnik* sowie ein *Glossar* zur Erklärung von Fachausdrücken sollen darüber hinaus gewährleisten, daß das Eskalationsmodell auch einer interessierten und besorgten Öffentlichkeit zu einer fundierten Beurteilung unterschiedlicher gentherapeutischer Eingriffsmöglichkeiten verhilft, die in der Zukunft an Umfang und Effizienz zunehmen werden.

Für die gewissenhafte und engagierte Bearbeitung des Textes sei Frau Dr. Anja Haniel herzlichst gedankt.

München, im Januar 1997

Erhard Ratz

I. Aufgabenstellung

Um die Entwicklung der Genforschung gibt es eine breite öffentliche Diskussion. Diese Diskussion ist ebenso nötig wie förderlich. Die Wissenschaft ist auf diesem Weg in Neuland auf einen tragfähigen öffentlichen Konsens angewiesen. Die Öffentlichkeit muß die Möglichkeit haben, auf informierte Weise an den problemhaltigen Entwicklungen der Forschung teilzunehmen. Mit dem großangelegten Projekt der Erforschung und Kartierung des menschlichen Genoms werden Erkenntnisse gewonnen, deren Folgen keineswegs schon völlig absehbar sind.

Insbesondere die Gentechnik, ihre schon praktizierten oder künftig möglichen Anwendungen werfen Fragen danach auf, ob und nach welchen Kriterien und unter welchen Bedingungen gentechnische Eingriffe in den Menschen zu legitimieren sind und ihre Weiterentwicklung zu fördern ist. Hier besteht ein besonders aktueller Klärungsbedarf. Zur argumentativen Förderung des öffentlichen Konsenses gehört der produktive Widerspruch ebenso wie die abwägende ethische Urteilsbildung. Dabei zeigen sich erhebliche Verständigungsprobleme hinsichtlich der ethischen Bewertung der potentiellen Folgen der Genforschung und ihrer Anwendung am Menschen.

Die öffentliche Kontroverse spannt sich aus zwischen prinzipiellen Vorbehalten, die von der Sorge vor unabsehbaren und darum nicht zu verantwortenden Folgen der Genforschung und ihrer Anwendung bestimmt sind, und einer prinzipiellen Bejahung der Genforschung, die auf sich abzeichnende Erfolge in vielen Bereichen der Therapie von Krankheiten, der Behebung von Umweltschäden, der Eröffnung neuer Quellen der Ernährung etc. setzt. Zwischen diesen Polen der prinzipiellen Ablehnung und der vorbehaltlosen Bejahung liegt das Feld konkreter Bewertungen und Entscheidungen, dessen Aufklärung und problemorientierte Klärung für den Gang der öffentlichen Diskussion und Bewertung dringend erforderlich ist.

Dazu sollen die folgenden Thesen zu Kriterien der ethischen Bewertung gentechnischer Eingriffe am Menschen einen exemplarischen Beitrag leisten. Exemplarisch heißt: Die Thesen und ihre fallweise Erläuterung und Begründung beschränken sich ausdrücklich auf gentherapeutische Eingriffe am Menschen, also auf neue Behandlungsformen, die aufgrund von Erfolgen der Gentechnik sowie des Human-Genomprojekts und der daraus resultierenden zunehmenden Einsicht in die Genfunktionen zukünftig erweitert werden. Ausgehend von der bereits etablierten

Therapie mit gentechnisch hergestellten Medikamenten werden dann erst an ihrem Beginn stehende Verfahren gentechnischer Eingriffe am Menschen, nämlich die somatische Gentherapie und die Keimbahntherapie, einer ethischen Bewertung unterzogen. Fragen der genetischen Diagnostik beim Menschen mit all ihren Problemen werden dagegen hier nicht diskutiert. Es werden auch keine allgemeinen bioethischen Fragestellungen verhandelt wie z.B. die gentechnische Veränderung mikrobieller Spezies, von Pflanzen oder Tieren. Vielmehr wird eine medizinethische Betrachtung über Gentherapie durchgeführt, um an ihr exemplarisch die methodischen und inhaltlichen Möglichkeiten einer solchen Diskussion mit bestimmten Ergebnissen aufzuweisen.

Der Vorteil dieser Vorgehensweise für die allgemeine Diskussion liegt im folgenden: Bei einer zunächst rein medizinethischen Betrachtung der Gentechnik ist die Frage nach dem Ort der ethischen Urteilsbildung dadurch präzise bestimmt ist, daß bei Eingriffen am Menschen der Arzt als handelndes und verantwortliches Subjekt den Bezugspunkt für das Verhältnis von wissenschaftlicher Forschung und ihrer praktischen Anwendung darstellt. Die darauf bezogene ethische Diskussion ist insofern nicht ganz allgemein zu führen, sondern im Bezugsfeld des Ethos des ärztlichen Berufs und seiner spezifischen Teleologie. Therapeutische Eingriffe am Menschen liegen konkret allein in der Kompetenz des ärztlichen Berufs.

II. Der Weg

Der Weg, auf dem diese Thesen entstanden sind, ist der Weg des Dialogs zwischen der Genforschung, der mit der Anwendung von Gentechnik befaßten Medizin und der Ethik. In diesem Dialog wurden zunächst allgemeine und grundsätzliche Fragen erörtert, die zum Umfeld des Problems gehören und zu den konkreten Fragestellungen hinführen. Diese Problemfelder werden in den folgenden Punkten skizziert.

1. Neuartigkeit der Genforschung/Gentechnik

Im Vorfeld der Kriterien einer ethischen Bewertung ist die Frage zu diskutieren: Wie „neu" ist die Entwicklung der Gentechnik? Die Genforschung stellt einen revolutionären Fortschritt in der Wissenschaft vom Leben dar, vor allem hinsichtlich der Entstehung von Leben und der Veränderungsmöglichkeiten der spezifischen Lebensformen. Aus diesen Erkenntnissen ergeben sich weitreichende, bisher unbekannte Anwendungsmöglichkeiten. Gleichwohl ist dies ein Fortschritt innerhalb der Wissenschaft und in einer durch Wissenschaft bestimmten Kultur. Die Genforschung ist insofern wiederum nur ein Teilfortschritt im Rahmen unserer sich schon lange durch wissenschaftliche Fortschrittsprozesse verändernden und für solche Veränderungen offenen Gesamtlage. Ohne die Wissenschaften und ihre Anwendung wäre die Gesamtheit der heutigen Lebensverhältnisse nicht denkbar.

Chancen und Risiken der Genforschung müssen im Zusammenhang mit der Gesamtlage dieser modernen Kulturentwicklung gesehen und beurteilt werden. Eine isolierte Betrachtungsweise, in der die Neuartigkeit der Genforschung wie ein einzigartiger Fall wissenschaftlichen Fortschritts beurteilt wird, kann dieser Gesamtlage nicht gerecht werden. Auch die Genforschung ist, unbeschadet ihrer revolutionären Entdekkungen, Teil der Wissenschaftskultur und des im Umgang mit ihr ausgebildeten Verantwortungsbewußtseins.

Es ist völlig sachgemäß, bei jedem Schritt in wissenschaftliches Neuland, sobald sich relevante und weitreichende Anwendungsmöglichkeiten abzeichnen, die Frage nach der spezifischen Legitimation und ethischen Beurteilung zu stellen. Etwas anderes ist es dagegen, aus Anlaß einer bestimmten neuen Entwicklung von Forschung und Anwendung einer generellen Wissenschaftskritik das Wort zu reden und zu einer generellen Umkehr der Wissenschaftskultur aufzurufen. Das würde tendenziell zu einer verantwortungslosen Negierung der wissenschaftlich-technischen

Bedingungen und Möglichkeiten der Lebensführung und Lebensverhältnisse führen, für die es keine guten Gründe gibt.

Der Umgang mit „Neuartigkeit", die Notwendigkeit, sich mit ihr fallweise und konkret auseinanderzusetzen, ist insofern selbst nichts Neues, sondern gehört zum Ethos der modernen Kultur.

2. Sind Eingriffe in die Natur gleichzusetzen mit Eingriffen in die Schöpfung?

Eine der häufig diskutierten Fragen lautet: Stellt die Gentechnik einen Eingriff in die Natur als Schöpfung dar, wie sie dem Menschen zur Bewahrung anvertraut ist, einen Eingriff, der sich insofern an der Schöpfung vergreift?

Es hieße die Bedeutung der Genforschung überzubewerten, wenn sie als völlig neuartiger, bisherige Erkenntnisse und Anwendungen sprengender Eingriff in eine bislang vom Menschen unberührte Natur eingestuft würde, und wenn auf diesem Hintergrund die Gentechnik mit dem Gebot der Unberührbarkeit oder der Forderung, den unbedingten Selbstwert der Natur als Schöpfung anzuerkennen, konfrontiert wird. Die Kultur des Menschen ist immer auch durch Eingriffe in die Natur gebildet und geformt worden. Das gehört unabdingbar zur besonderen Stellung des Menschen in der Schöpfung. Durch die Entwicklung der modernen Wissenschaften von der Natur ist dies ohne Frage graduell intensiver geschehen als in früheren Epochen menschlicher Kultur. In diesem Verständnis setzt die Gentechnik die Reihe der Eingriffe menschlicher Kultur in die Natur fort.

Aber auch die als Schöpfung verstandene belebte und unbelebte Natur ist alles andere als ein Bestand unveränderter Sachverhalte. So bilden die Erkenntnisse der sich in der belebten Natur vollziehenden Evolution gerade eine der wesentlichen Voraussetzungen der Gentechnik. Diese Erkenntnisse für die Gestaltung und Praxis der menschlichen Kultur in Anspruch zu nehmen, ist deswegen mit der besonderen Stellung des Menschen in der Natur als Schöpfung keineswegs unvereinbar.

Allerdings kann das nicht ohne Reflexion auf die besondere Verantwortung des Menschen geschehen, die zu keinem Zeitpunkt an eine wie immer vorgestellte Naturnotwendigkeit oder gar Zwangsläufigkeit evolutionärer Prozesse abgetreten werden kann. Mit dieser Problemstellung sind in der Moderne Erfahrungen und Einsichten verbunden, die beim Umgang mit Chancen und Risiken naturwissenschaftlich-technischer Erkenntnis schon erworben worden sind, die aber auch bei jedem neuen Schritt neu geprüft und verantwortlich abgewogen werden müssen.

In diesem Kontext ist die Genforschung und insbesondere die Gentechnik als die Summe der Prozesse rationaler Handhabung von Erbgut zu identifizieren, wobei die Neuartigkeit der Gentechnik in einer neuen Qualität der „Eingriffstiefe“ besteht. Als Kriterien der Eingriffstiefe sind in diesem Zusammenhang einerseits das schnellere Wirksamwerden genetischer Veränderungsverfahren im Vergleich zu herkömmlichen Züchtungsverfahren zu nennen und andererseits die Möglichkeit der gentechnischen Übertragung von Erbgut über die Art- und Zeitgrenzen hinweg.

3. Konkretionen der Neuartigkeit - Ein Eskalationsmodell

Innerhalb dieses größeren Zusammenhangs ist darum die Frage zu prüfen, worin die Neuartigkeit der Genforschung und ihrer Anwendung relativ zu dem bisherigen Stand der Erkenntnis und Praxis besteht. Dies soll hier exemplarisch in bezug auf die medizinische Anwendung der Gentechnik beim Menschen geschehen. Denn auch die Gentechnik kommt, wenn sie angewendet wird und wo sie angewendet wird, im Kontext der menschlichen Kultur zur Anwendung. Sie stellt keinen kontextlosen, rein innerwissenschaftlichen Handlungsbereich dar. Sie kann eine reine Wissenschaftsfreiheit weder für sich in Anspruch nehmen noch kann von ihr erwartet werden, daß sie rein für sich eine sinnvolle Praxis bzw. Anwendung definieren sollte.

Darum können die ethisch und kulturell relevanten Fragen, die mit der Gentechnik aufgeworfen werden, auch nicht abstrakt und pauschal behandelt werden. Zur Konkretisierung der Fragestellung und als Weg zu einer, wie immer vorläufigen, Entscheidung ist im Dialog von Wissenschaft und Ethik ein sogenanntes Eskalationsmodell entwickelt worden. Dafür wurden die tatsächlichen oder möglichen Anwendungen der Gentechnik am Menschen in Stufen dargestellt, auf denen die Eingriffstiefe gleichsam eskaliert.

Mit dem hier entwickelten Eskalationsmodell ist die Erwartung verbunden, daß auf dem Weg über eine solche, tatsächliche oder mit Gründen denkbare Konkretion der Anwendung der Genforschung bzw. Gentechnik eine vernünftige Erörterung mit entscheidungsrelevanten Gesichtspunkten weitergeführt werden kann. Der Dialog muß sich insofern als informierte Abwägung von Kriterien für Gründe und Ziele im Kontext der Gesamtkultur vollziehen.

III. Grundelemente der Kriterien

Konkrete ethische Urteilsbildung muß sich an Voraussetzungen orientieren, die als Grundelemente eines allgemeinen, öffentlichen, kulturellen und ethischen Konsenses in Anspruch genommen werden.

Selbstverständlich kann und muß auch darüber diskutiert und mit Argumenten gestritten werden, welche Elemente diesen Status haben. Es gibt nicht nur einen Weg der ethischen Theorie, wie überhaupt die als Wissenschaft betriebene Ethik in sich überaus komplex ist. Sie kennt eine Vielfalt von Zugängen und unterliegt unterschiedlichen Vorverständnissen. Die Ethik verfährt nach divergierenden Methoden und diskutiert widerspüchliche Konzepte, über die hier nicht im Einzelnen zu informieren ist.

Die Orientierung am Berufsethos der Medizin, die den Ausgangspunkt für die folgenden Grundelemente bildet, erlaubt es jedoch, einige wenige Kriterien zu verwenden, die im Prinzip als konsensfähig gelten können, auch wenn in der Praxis immer wieder Fragen ihrer Anwendung auftreten.

Als solche Grundelemente sollen, zunächst ohne Erörterung ihrer jeweiligen Anwendbarkeit auf konkrete Fälle, hier gelten:

1. Das ärztliche Berufsethos

Das Berufsethos des Mediziners als Arzt besagt, daß ärztliches Handeln der Krankheit und Heilung von individuellen Personen gilt. Auch der Mediziner als Forscher bleibt in der Förderung und Anwendung von Forschung den Standards des ärztlichen Berufes verpflichtet, die durch Forschungsinteressen nicht außer Kraft gesetzt werden dürfen.

Dieses Grundelement des ärztlichen Ethos ist keine statische Größe. Es muß vielmehr in der Sensibilität für Wandlungen der ärztlichen Tätigkeit wachgehalten werden und sich immer neu bewähren. Solche Wandlungen werden vor allem durch veränderte technische Möglichkeiten hervorgerufen. Durch gesteigerte Erwartungen von Patienten an das ärztliche Handeln werden diese Wandlungsprozesse verstärkt. Im Umgang mit neuer Technik und gesteigerten Erwartungen muß die Eigenständigkeit des ärztlichen Handelns bewußt gehalten werden und gesichert bleiben.

Entsprechendes gilt für die am Menschen praktizierte Forschung, die über den individuellen therapeutischen Zweck hinausgreift. Sie hat sich ihrer Zielrichtung nach am therapeutischen Auftrag des ärztlichen Berufs zu orientieren. Auch in dieser Hinsicht muß die Verantwortbarkeit in Relation zum ärztlichen Auftrag klar bestimmt bleiben.

2. Menschenwürde

Das ethische Richtmaß jeglicher wissenschaftlicher Forschung am Menschen und jeglicher Anwendung wissenschaftlicher Erkenntnisse auf den Menschen liegt in der Unbedingtheit des Anspruchs menschlicher Personenwürde. Diese Personenwürde gilt allem, was Menschenantlitz trägt. Als solche erstreckt sie sich auch auf jene, die gegebenenfalls bewußter personaler Lebensvollzüge noch nicht, nicht mehr oder nur in eingeschränktem Maße mächtig und fähig sind. Darum kann es keinen wissenschaftlichen Fortschritt und seine Anwendung geben ohne Wahrung des Prinzips der Menschenwürde. Dieses verbietet die Instrumentalisierung der Person für andere Interessen. Eben deshalb kann es aber auch keinen wissenschaftlichen Fortschritt und seine Anwendung auf den Menschen ohne offene Beteiligung derer geben, auf die und für die sie angewandt wird. Das bedeutet im medizinischen Bereich konkret die Zustimmung der Patienten bzw. ihrer gesetzlichen Vertreter zu Eingriffen und Behandlungsformen, inklusive der im Rahmen der Abhängigkeit und des nötigen Vertrauens gebotenen Aufklärung.

Mit diesem Kriterium der Zustimmung der Betroffenen sind zwar in der Praxis viele Probleme verbunden, die aber hier nicht im einzelnen zu erörtern sind. Die Neigung, die Aufklärungspflicht zu relativieren und die mit ihr gestellten Anforderungen an das ärztliche Handeln zu minimieren, gehört ebenso dazu wie die konkreten Grenzen der Selbstbestimmung des einzelnen angesichts komplexer medizinischer Verfahren und des Verständnisses der damit verbundenen Sachverhalte. Doch heben solche Probleme die generelle Bedeutung des letztlich auf dem Anspruch der Menschenwürde beruhenden Kriteriums nicht auf. Sie sind im Gegenteil Anlaß, dem Prinzip der menschlichen Personenwürde auch in empirisch nicht eindeutigen Situationen Rechnung zu tragen.

3. Krankheit

Ärztliches Handeln ist auf Krankheit bezogen. Das schließt die medizinische Vorsorge ein. In dieser Hinsicht wirft der Fortschritt wissenschaftlicher Forschung und Diagnostik Probleme auf, die aus einer Veränderung des Krankheitsverständnisses resultieren. Aber auch unter solchen sich verändernden Bedingungen des Krankheitsbildes bleibt Krankheit als Kriterium ärztlichen Handelns in Geltung. Legitimes ärztliches Handeln bezieht sich auf das, was als Krankheit bekannt und anerkannt ist. Daraus ergibt sich die Notwendigkeit einer öffentlichen Diskussion um das Verständnis von Krankheit und damit ein nötiger Dialog von Medizin/Wissenschaft und Gesellschaft.

Auf die Bedeutung des Kriteriums „Krankheit" und seine mögliche Ausweitung oder Veränderung wird im Verlauf der Stufen des folgenden Eskalationsmodells weiter einzugehen sein.

4. Öffentlichkeit der Wissenschaft

Wissenschaft, die aus ihr resultierende Forschung und ihre Anwendungsmöglichkeiten müssen öffentlich vertreten und gerechtfertigt werden. Die Kontrollierbarkeit wissenschaftlicher Erkenntnisse (z.B. durch die Wiederholbarkeit der Experimente durch andere oder die zu fordernde öffentliche Zugänglichkeit der Forschung) ist gegen alle Nutzungsinteressen ein grundlegendes ethisches Kriterium des Fortschritts. Darin ist die Offenheit für Kritik und Dialog als Bestandteil des Ethos der Wissenschaft generell und so auch je konkret begründet. Das gilt insbesondere hinsichtlich solcher „Neuartigkeit", wie sie mit der Gentechnik zweifelsohne verbunden ist. Eine von der Öffentlichkeit abgeschnittene Wissenschaft würde sich zwangsläufig der Rückkopplung des ihr innewohnenden Ethos mit den für einen allgemeinen Konsens notwendigen Elementen berauben.

IV. Kurze Einführung in die Gentechnik

Unter Gentechnik sind Methoden zu verstehen, durch die sich das Erbmaterial eines jeden Organismus isolieren, analysieren, zerlegen und wieder zusammenfügen läßt. Aus diesen Methoden ergeben sich eine Vielzahl von Anwendungsmöglichkeiten, denn das Erbmaterial praktisch aller Lebewesen ist aus der gleichen Substanz, der Desoxyribonukleinsäure (DNA*), aufgebaut. Interessanterweise besteht die fadenförmige DNA nur aus vier verschiedenen Bausteinen (den Nukleotiden A, G, C und T), deren unterschiedliche kombinatorische Reihenfolge auf dem Faden die Erbinformation verschlüsselt.

Der DNA-Faden ist in einzelne Abschnitte, die man Gene nennt, eingeteilt. Die Nukleotid-Bausteine dieser Gene liefern die Information für sogenannte Proteine (jeweils eine Kombination von drei DNA-Bausteinen liefert die Information für einen Proteinbaustein; Abbildung 1). Man kann sich diesen Sachverhalt anhand der Metapher eines Videotapes vorstellen, das die Informationen für einen aus einzelnen Fernsehbildern bestehenden Film speichert. Das biologische Analog für den zur Wiedergabe der Bildabfolge notwendigen Videorecorder ist bei diesem Vergleich die im Zellinneren vorhandene biochemische Maschinerie, die die Sprache der Gene in Proteine übersetzt. Zwischen den Genen liegende DNA-Abschnitte stellen Steuerungssignale dar, die bestimmen, zu welchem Zeitpunkt, welche Menge eines Proteins in welchen Zellen synthetisiert wird. Die Proteine wiederum sind für sämtliche Lebensfunktionen verantwortlich: Sie sind Strukturbestandteil von Haaren, Haut, Muskeln und Knochen, regulieren als Enzyme und Hormone den Stoffwechsel, bestimmen die Blütenfarbe von Pflanzen, machen Bakterien resistent gegen Antibiotika und vieles mehr. Die Gentechnik liefert durch die obengenannten Methoden den Schlüssel zur Identifizierung einzelner Gene, zur Bestimmung der Reihenfolge der DNA-Bausteine (Sequenzierung) und erlaubt auch Rückschlüsse auf die Funktion der nach dem Genbauplan produzierten Proteine.

Beim Menschen besteht das Erbgut (Genom) aus etwa drei Milliarden DNA-Bausteinen. Diese sind auf 46 sogenannte Chromosomen (bzw. 23 Chromosomenpaare), die sich im Zellkern jeder Körperzelle befinden, verteilt. Schätzungen zufolge liegt die Anzahl der menschlichen Gene bei

---

* Fachbegriffe sind im Glossar (S. 53 ff.) erklärt.

etwa 70.000 bis 100.000. Das Genom der Hefe mit etwa 12 Millionen Bausteinen enthält zum Vergleich ungefähr 6.000 Gene.

Die 46 menschlichen Chromosomen liegen in homologen Chromosomenpaaren vor, d.h. jeweils zwei Chromosomen tragen die gleichen Gene. Damit liegt jedes Gen in zwei Kopien vor, die aber nicht notwendigerweise exakt dieselbe Reihenfolge der DNA-Bausteine aufweisen müssen (siehe unten).

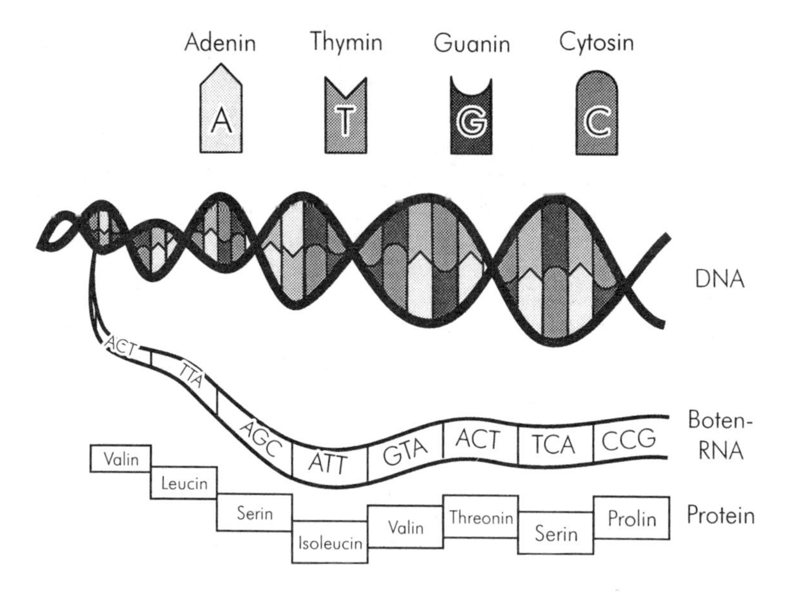

Abbildung 1: Die genetische Information.

Die auf dem DNA-Faden gespeicherte Information dient als Anleitung zur Synthese von Proteinen. Jeweils Dreierkombinationen der vier DNA-Bausteine A, G, T und C liefern die Information für einen Proteinbaustein (= Aminosäure, z.B. Prolin oder Serin). Hierzu muß die DNA allerdings erst in eine sogenannte Boten-RNA umgeschrieben werden, die die Information vom Zellkern zur Synthesemaschinerie in der Zellflüssigkeit liefert.

Teilt sich eine Zelle, so muß sie zuvor das gesamte Erbgut durch komplizierte biochemische Reaktionen verdoppeln, damit jede Tochterzelle wieder einen vollständigen Chromosomensatz erhält. Bei dieser Verdoppelungsreaktion treten relativ häufig Fehler in der Reihenfolge der DNA-Bausteine auf, die nur zum Teil korrigiert werden können. Solche nichtkorrigierten Fehler nennt man Mutationen. Sie sind dafür verantwortlich, daß die Information eines Gens nicht korrekt ist und es zur Synthese eines möglicherweise nicht funktionsfähigen oder auch gar keines Proteines kommt, wenn etwa beide Genkopien fehlerhaft sind. Treten solche Mutationen in Körperzellen auf, so kann dies zum Beispiel die Entstehung einer Krebszelle zur Folge haben, sie sind aber nicht vererbbar. Finden sich solche Gendefekte dagegen in Keimzellen, so können die Nachkommen das fehlerhafte Gen erben. Ist von der Mutation ein wichtiges Protein betroffen, so kann es zu den Symptomen einer Krankheit kommen. Etwa 7.000 solcher Erbkrankheiten sind derzeit bekannt.

Durch die Möglichkeiten zur Analyse der Sequenz der DNA-Bausteine sowie der Funktion der einzelnen Gene sind eine Vielzahl von Anwendungen möglich geworden. Da es hier um gentechnische Eingriffe am Menschen geht, sollen auch nur diese behandelt werden.

So ist es heutzutage möglich, eine Reihe menschlicher Proteine gentechnisch in Bakterien, anderen Mikroorganismen oder auch Tieren herzustellen. Ist das menschliche Gen, welches den Bauplan für ein bestimmtes Protein liefert, erst einmal identifiziert, so ist es möglich, dieses beispielsweise in *E.coli*-Bakterien einzuschleusen. Da die Synthese von Proteinen anhand des Erbmaterials bei Mikroorganismen sehr ähnlich funktioniert wie beim Menschen, ist es möglich, das gewünschte Protein in diesen Bakterien zu produzieren. So können beispielsweise Hormone oder andere Proteine, die bei bestimmten Erkrankungen wegen eines kranken Organs oder eines mutierten Gens nicht funktionsfähig oder gar nicht vorhanden sind, produziert und den Patienten im Rahmen einer Substitutionstherapie verabreicht werden.

Durch die Methoden zur Bestimmung der DNA-Sequenz ist es heutzutage bereits gelungen, einige hundert Gene zu identifizieren, die in mutierter Form zu Erbkrankheiten führen. Aus diesem Grund kann man seit einigen Jahren das Erbmaterial beispielsweise aus Blutzellen oder embryonalen Zellen, die sich im Fruchtwasser befinden, genetischen Untersuchungen unterziehen, um mögliche Erbdefekte zu entdecken. Familien, in denen immer wieder bestimmte Erbkrankheiten auftreten, können durch eine pränatale Diagnostik klären lassen, ob das erwartete Kind von der Erbkrankheit betroffen sein wird oder nicht. Selbst Erbkrankheiten, die sich erst beim Erwachsenen manifestieren oder Genmutationen, die das Risiko für eine Krankheit erhöhen, lassen sich so diagnostizieren.

Eine noch sehr junge Anwendungsform der Gentechnik ist die somatische Gentherapie. Bei ihr wird versucht, in Körperzellen ein von einer Mutation betroffenes und damit nicht funktionsfähiges Gen durch eine intakte Kopie zu ersetzen oder beispielsweise die Information für ein immunstimulierendes Protein in Krebszellen einzubringen. Da die Gentherapie Hauptgegenstand des vorliegenden Artikels ist, wird sie in dieser kurzen Einführung nicht weiter vertieft.

V. Eskalationsschema

Wie in den einführenden Kapiteln erläutert wurde, kann eine ethische Bewertung gentechnischer bzw. gentherapeutischer Eingriffe am Menschen nicht generalisierend vorgenommen werden, sondern muß fallweise anhand bestimmter Kriterien geschehen. Das vorliegende Eskalationsmodell beschreibt daher mögliche gentechnische Behandlungsformen in sieben Stufen, die sich in ihrer technischen Umsetzbarkeit, ihrer Eingriffstiefe, ihrer Zielsetzung und ihrer ethischen Bewertung von der ersten bis zur siebten Stufe hin zuschärfen. Zu jeder der Stufen findet sich zunächst eine methodische Beschreibung, die mittels Fallbeispielen konkretisiert wird. Die ethische Bewertung des jeweiligen gentherapeutischen Eingriffs anhand der vier genannten Kriterien, nämlich Berufsethos der Ärzte, Menschenwürde, Krankheit und Öffentlichkeit der Wissenschaft wird jeweils in einer These zusammengefaßt, mit der die Darstellung jeder Eskalationsstufe abgeschlossen wird.

Stufe 1: Substitutionstherapie mit gentechnisch erzeugten Proteinen (Gentechnische Veränderung nicht-menschlicher Spezies)

1. Was versteht man unter einer Substitutionstherapie?

Bislang sind Krankheiten (z.B. Diabetes, Bluterkrankheit, Zwergwuchs etc.), die durch das Fehlen eines möglicherweise lebensnotwendigen Proteins ausgelöst werden, nur durch eine sogenannte Substitutionstherapie behandelbar. Das dem Patienten fehlende Protein wird beispielsweise aus Tieren, Blutkonserven oder in zunehmendem Maße gentechnisch gewonnen und wie ein Medikament (meist in Form von Injektionen) verabreicht.

2. Gentechnische Herstellung von Medikamenten

Viele menschliche Proteine, die zu Substitutionstherapien eingesetzt werden, stammen heutzutage aus gentechnischer Produktion (Abbildung 2). Bakterien, Hefezellen oder Säugetierzellen werden mit einer intakten Kopie des für das Protein codierenden menschlichen Gens ausgestattet. Die so gentechnisch veränderten Bakterien oder Zellen werden in Fermentern gezüchtet und produzieren das menschliche Protein anhand des eingefügten Gens. Das Protein wird aus den Kulturen isoliert und kann nach Überführung in eine geeignete Arzneiform dem Patienten verabreicht werden. Die gentechnische Herstellung solcher Arzneien hat mehrere Vorteile: Erstens ist sie vergleichsweise billig, zweitens kann man große Mengen von natürlicherweise in kleinen Mengen vorkommenden Proteinen erhalten, und drittens ist die Gefahr von Verunreinigungen beispielsweise durch Viren - wie es bei der Gewinnung von Wirkstoffen aus Blutkonserven der Fall ist - drastisch vermindert.

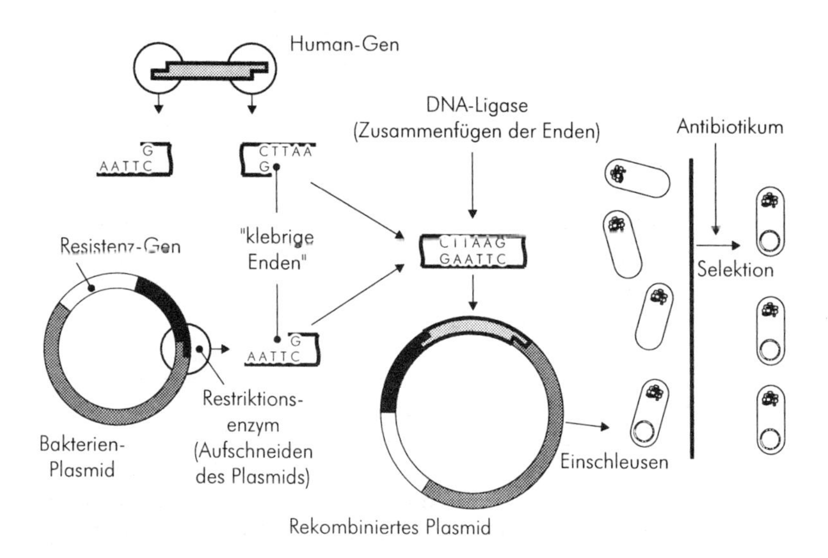

Abbildung 2: Gentechnische Herstellung von Proteinen.

Das für das herzustellende Protein codierende Gen wird beispielsweise in das ringförmige DNA-Molekül (Plasmid) eines Bakteriums eingeführt. Das Plasmid wird anschließend wieder in Bakterien eingeschleust. Da es zusätzlich ein Gen enthält, das die Bakterien resistent gegen Antibiotika macht, können diejenigen Bakterien selektioniert werden, die das Plasmid tatsächlich aufgenommen haben. Sie können in Kultur vermehrt werden und produzieren das gewünschte Protein.

3. Fallbeispiel: Diabetes mellitus (Zuckerkrankheit)

Bei einer bestimmten Form der Diabetes ist die Bauchspeicheldrüse aufgrund einer Schädigung oder des Absterbens der Langerhansschen Zellen nicht in der Lage, Insulin zu produzieren. Dies führt dazu, daß aus der Nahrung freigesetzter Zucker aus dem Blut nicht in die Zellen aufgenommen werden kann, was lebenswichtig ist. Durch eine Substitutionstherapie mit heutzutage fast ausschließlich gentechnisch hergestelltem humanem Insulin kann den Patienten geholfen werden. Viele Patienten empfinden jedoch die häufigen Injektionen, die in regelmäßigen Abständen zu erfolgen haben, als sehr lästig. Schon heute gibt es erste Versuche, den Patienten Pumpen zu implantieren, die ständig Insulin ins Blut pumpen und damit die Injektionen überflüssig machen. Allerdings ist die Dosierung hierbei meist nicht optimal, da keine kontinuierliche Überprüfung des Blutzuckerspiegels möglich ist und die Pumpe nicht auf Veränderung der Nahrungszufuhr oder der körperlichen Belastung reagiert. Eine neuere Entwicklung verspricht zukünftig bei diesem Problem Abhilfe zu schaffen. Es handelt sich um ein elektronisches Gerät, das ständig den Blutzuckerspiegel bestimmt und mittels einer Pumpe die jeweils erforderliche Menge Insulin freisetzt. Zukünftig sollen solche Geräte sogar implantierbar sein („künstliche Bauchspeicheldrüse").

4. These zu Stufe 1

Substitutionstherapie mit gentechnisch erzeugten Medikamenten ist als „Eingriff" in den Menschen grundsätzlich nicht anders zu beurteilen als jede medikamentöse Therapie, sofern hierbei beachtet worden ist,

- daß die Therapie nach den akzeptierten Kriterien ärztlichen Handelns erfolgt,
- daß sie mit Einwilligung des Patienten erfolgt,
- daß sie der Behandlung diagnostizierter Krankheiten dient
- und daß die Medikamente nach den von Ethikkommissionen vorgeschriebenen und gebilligten Verfahren erprobt und zugelassen sind.

Gentechnik kommt in diesem Exempel im Rahmen erfahrungsbewährter ärztlicher Praxis zum Zuge, ohne daß neues genetisches Material in den Patienten eingebracht wird. Die für die Erzeugung der Medikamente erforderliche gentechnische Behandlung nicht-menschlicher Spezies ist kein ethisches Problem ärztlichen Handelns, sondern gehört in den Problemkreis Eingriffe in die Natur, der hier nicht erörtert werden soll (s. Kapitel II.2).

Stufen 2 bis 3: Somatische Gentherapie

Bislang handelt es sich bei der somatischen Gentherapie noch um eine Behandlungsmethode im experimentellen Stadium, die außer in streng begrenzten klinischen Studien noch keine Anwendung findet. Diese Studien dienen auch in erster Linie dem Nachweis der Verträglichkeit; Studien zur Ermittlung des eigentlichen Therapieeffekts müssen noch folgen.

Bei vielen Erkrankungen ist ein verändertes (mutiertes) Gen dafür verantwortlich, daß ein nicht funktionsfähiges oder gar kein Protein synthetisiert wird. Unter somatischer Gentherapie versteht man eine Behandlung, bei der in die Zellen des von einem Defekt dieser Art betroffenen Organs eine intakte Kopie des jeweiligen Gens eingeführt wird. Als Transportmittel für dieses therapeutische Gen werden heutzutage vielfach gentechnisch veränderte Viren, aber auch andere biologische Vehikel, z.B. Fettkügelchen, verwendet. Da es eine natürliche Eigenschaft von Viren ist, in Zellen einzudringen und dabei ihr Erbmaterial einzuschleusen, gelangt auch das therapeutische Gen in die Zellen. Es soll dort für die Produktion des fehlenden Proteins sorgen. *Somatisch* nennt man diese Form der Therapie deshalb, weil nur Körperzellen (*somatische Zellen*) des Patienten mit der Genkopie ausgestattet werden sollen, nicht aber Zellen der Keimbahn. Nach dem derzeitigen Stand der Technik sind jedoch die als Transportmittel verwendeten Viren noch nicht absolut spezifisch für ein zu behandelndes Organ, so daß unbeabsichtigterweise auch die Keimbahn von der Therapie betroffen sein könnte. Voraussetzung für eine breite Anwendung am Menschen ist also die Entwicklung von Transportvehikeln, die jeweils für ein bestimmtes, von der Krankheit betroffenes Organ spezifisch sind.

Prinzipiell kann man bei der somatischen Gentherapie auch von einer Substitutionstherapie sprechen, da ja nicht anderes getan wird, als eine ausgefallene Proteinfunktion zu ersetzen. Die „Eingriffstiefe“ dieser gentherapeutischen Behandlung überschreitet aber die einer herkömmlichen Substitutionstherapie insofern, als neues Erbgut übertragen wird. In der Zielsetzung handelt es sich hierbei außerdem um einen irreversiblen Eingriff, der insofern eher mit einem chirurgischen Eingriff vergleichbar wäre, möglicherweise aber schonender.

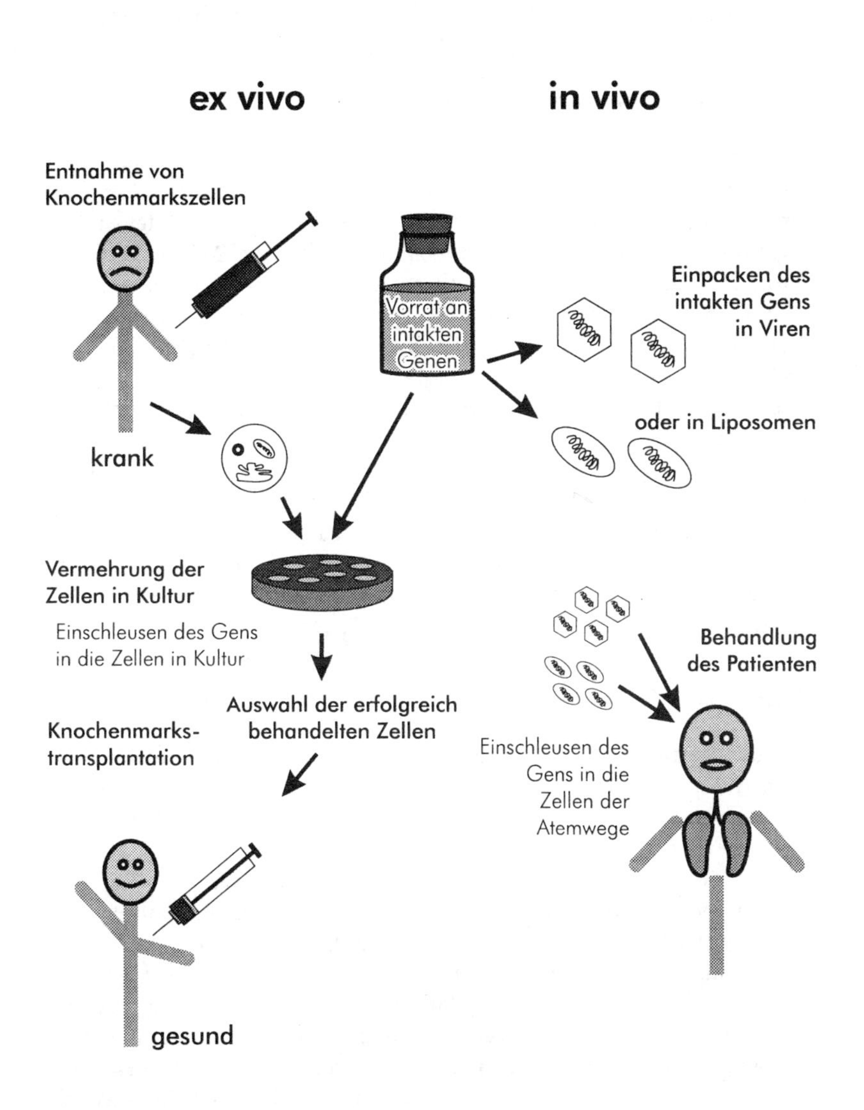

Abbildung 3: Ex-vivo- und In-vivo-Gentherapie.

Stufe 2:
Somatische Gentherapie zur Behandlung genetischer Erkrankungen *(„Genetische Substitutionstherapie“)*

1. Fallbeispiel: Adenosindeaminase-Defizienz

Die Adenosindeaminase (ADA)-Defizienz ist eine seltene Erbkrankheit, die zu einer extremen Immunschwäche führt. Die Patienten müssen in einem sterilen Raum leben, da ihre Immunzellen aufgrund des fehlenden ADA-Proteins absterben. 1990 wurden in Amerika zwei Mädchen, die an dieser Immunschwäche litten, gentherapeutisch behandelt. Ihnen wurden Blutzellen entnommen, die anschließend im Reagenzglas mit intakten Kopien des ADA-Gens ausgestattet wurden (*Ex-vivo*-Therapie, d.h. Behandlung der betroffenen Zellen *außerhalb* des Körpers; Abbildung 3). Die Kinder erhielten diese Zellen durch eine Infusion wieder zurück. Da der Erfolg dieser Therapie nicht hundertprozentig zu garantieren war, wurden sie gleichzeitig mit der konventionellen ADA-Substitutionstherapie weiterbehandelt, um kein Risiko einzugehen. Nach der Gentherapie erholten sich die Patientinnen zusehends, während vorher bereits eine Erkältung lebensbedrohend sein konnte. Wegen der kombinierten Therapie ist jedoch eine genaue Aussage über den Anteil der Gentherapie am Behandlungserfolg nicht möglich.

2. Fallbeispiel: Cystische Fibrose

Bei der Cystischen Fibrose (Mukoviszidose) führt ein fehlerhaftes Gen zum Ausfall eines Proteins, das in Lunge und Bauchspeicheldrüse für die Viskosität von Schleim mitverantwortlich ist. Bei den betroffenen Personen lagern sich zähflüssige Schleime ab und führen zu massiven Atmungsstörungen und starken Problemen in der Bauchspeicheldrüse. Die Lebenserwartung der Patienten liegt derzeit bei nur circa 30 Jahren. Bereits heute befassen sich viele Forschungsprojekte mit der Entwicklung einer somatischen Gentherapie für diese Erkrankung, da sie eine der häufigsten Erbkrankheiten ist (Abbildung 4). Außerdem ist die Lungenoberfläche, wo sich die schwerwiegendsten Symptome zeigen, mittels Sprays relativ gut zugänglich, um die intakten Genkopien via Transportvehikel einzubringen (*In-vivo*-Therapie, d.h. das therapeutische Erbgut wird direkt in den Körper eingebracht, womit theoretisch die Möglichkeit besteht, daß Genkopien auch in andere Organe gelangen).

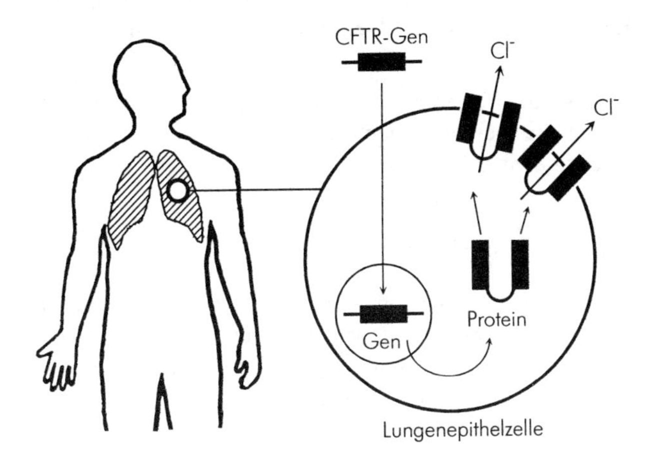

Abbildung 4: Prinzip der Gentherapie zur Behandlung der Cystischen Fibrose

Bei der Gentherapie von Cystischer Fibrose wird z.B. mittels in die Lunge eingesprühter Fetttröpfchen als Transportvehikel versucht, funktionsfähige Kopien des sogenannten CFTR-Gens in Lungenzellen der Patienten einzuschleusen. Das bei ihnen ansonsten fehlende CFTR-Protein kann nun synthetisiert werden und soll dafür sorgen, daß sich die Lungenfunktion normalisiert. Die im Tiermodell bereits gut funktionierende Therapie ist jedoch beim Menschen bislang nicht erfolgreich, da zu wenige Kopien der intakten Gene in die Lungenzellen gelangen.

3. Fallbeispiel: Immunstimulation bei Krebs

Der größte Teil der bisherigen klinischen Gentherapie-Studien wurde an Krebspatienten durchgeführt. Es handelte sich meist um sogenannte Immunstimulationstherapien, bei denen dem Patienten zunächst der Tumor so weit wie möglich auf herkömmliche chirurgische Weise entfernt wird. Die entnommenen Tumorzellen werden anschließend z.B. mit einem Gen ausgestattet, das die Information für einen das Immunsystem stimulierenden Botenstoff (Zytokin) liefert. Die so veränderten Tumorzellen werden dem Patienten in die Blutbahn injiziert. Sie sollen dort den Botenstoff ausschütten und auf diese Weise die Immunzellen stärker dazu stimulieren, nicht nur sie selbst, sondern insbesondere mögliche nicht entfernte Reste des Tumors oder Metastasen anzugreifen und zu vernichten.

Bislang wurde diese Therapie nur an Krebspatienten im Endstadium getestet. Es kam hierbei zu keinen schwerwiegenden Nebenwirkungen, allerdings auch zu keiner Heilung.

4. Fallbeispiel: Organtransplantation

Im übertragenen Sinne könnte auch eine Organtransplantation als Gentherapie aufgefaßt werden, da dem Patienten mit dem neuen Organ natürlich auch für ihn neues Erbmaterial übertragen wird. Sie ist aber im eigentlichen Sinne kein gentechnischer Eingriff, denn das Erbmaterial wird nicht aktiv behandelt oder verändert.

Ein Spezialfall wäre die sogenannte, nach heutigem Stand der Technik jedoch noch nicht ausgereifte Xenotransplantation (Transplantation eines Organs von einem nicht artverwandten Spender). Seit einiger Zeit befaßt sich die gentechnische Forschung damit, Schweine mit Genen für menschliche Gewebemerkmale auszustatten, so daß die Organe ohne Abstoßungsgefahr auf den Menschen transplantierbar werden.

5. Fallbeispiel: BRCA1 („Präventive Substitutionstherapie"?)

Es gibt Gene, die nicht unter allen Umständen zu einer Erkrankung führen müssen, aber das Risiko zu erkranken deutlich erhöhen. Kürzlich wurde beispielsweise ein Gen (BRCA1) beschrieben, dessen Mutation zu einer erhöhten Brustkrebsdisposition führt. Es könnte hiermit für etwa 5 bis 10 Prozent der Brustkrebsfälle verantwortlich sein. Da sich das Vorhandensein des Gendefekts sehr einfach nachweisen läßt, gibt es bereits heute Fälle, in denen sich Frauen mit einem positiven Genbefund präventiv die Brust amputieren lassen. Um solche Maßnahmen zu verhindern, könnte auf lange Sicht eine gentherapeutische Behandlung in Frage kommen. Die Epithelzellen der Brustdrüse müßten dabei mit korrekten Genkopien behandelt werden. Um die Entstehung von Brusttumoren zu verhindern, müßten aber alle Epithelzellen erreicht werden, da sich bereits eine einzige nicht korrigierte Zelle zu einem Tumor entwickeln könnte. Bislang gibt es jedoch noch keine Transportvehikel, die einen derart spezifischen und effektiven Gentransfer erlauben würden, so daß eine solche Therapie noch in weiter Ferne liegt. Eine präventive gentherapeutische Behandlung auf der Ebene der Keimzellen wäre aufgrund theoretischer Überlegungen effektiver (siehe Stufe 4).

6. Fallbeispiel: Impfung mit DNA

Eine neuartige in der Entwicklung befindliche Methode ist die Impfung mit DNA, die ohne Transportvehikel erfolgt. Anders als bei herkömmlichen Impfungen wird hierbei nicht das die Immunreaktion auslösende Agens (Antigen) selbst, sondern die für dieses Antigen codierende DNA intramuskulär injiziert. Im Muskel soll die DNA die Produktion des Antigens steuern, gegen das schließlich Antikörper und Abwehrzellen im Blut gebildet werden. Tierversuche sind bereits recht erfolgreich verlaufen und zeigen, daß die Immunantwort sehr effektiv und langanhaltend ist. Der Vorteil einer solchen Impfung mit DNA ist, daß die gentechnologische Herstellung eines von ihr codierten Proteins (des Impfstoffes) entfällt. Weiterhin ist der Impfschutz mit der neuen Methode anscheinend besser als mit herkömmlichen Impfstoffen. Kurz vor der klinischen Erprobung befindet sich beispielsweise ein DNA-Impfstoff, der für die Produktion eines HIV-Antigens sorgt und damit als Impfung gegen Aids geeignet sein könnte.

Zu beachten ist bei dieser neuartigen Form der Impfung allerdings, daß „neues", artfremdes Erbgut, also beispielsweise Gene von Viren, verwendet werden, was bei den anderen Fallbeispielen nicht der Fall ist. Aus diesem Grund sind besonders sorgfältige Sicherheitsstudien nötig, damit gewährleistet ist, daß die Impfung bei dem zunächst ja gesunden Patienten keine gefährlichen Nebenwirkungen hat (beispielsweise Integration des neuen Erbguts in das menschliche Genom und dadurch unter Umständen ungewünschte Effekte).

7. Übersicht über die Fallbeispiele

An dieser Stelle wurden unterschiedliche Fallbeispiele aufgeführt, um zu zeigen, daß die somatische Gentherapie in der technischen Vorgehensweise wie auch in ihrer Zielsetzung vielfältig ist. Während die ersten vier Fallbeispiele die Therapie bereits manifestierter Krankheiten zum Ziel haben, handelt es sich bei dem Fallbeispiel BRCA1 um eine Präventionsmaßnahme gegen eine mit hoher Wahrscheinlichkeit ausbrechende Krankheit und bei dem sechsten Fallbeispiel um eine Impfung gegen eine Infektionskrankheit. So unterschiedlich die Technik und die Zielsetzungen (Therapie, Prävention und Impfung) in den einzelnen Fallbeispielen auch sein mögen, lassen sie sich dennoch anhand der vier hier relevanten Kriterien der ethischen Bewertung gemeinsam betrachten.

8. These zu Stufe 2

Somatische Gentherapie unterscheidet sich grundsätzlich in der Art der Behandlung nicht von anderen, „konventionellen" Therapieformen. Therapie von Krankheiten wie auch Prävention und Impfung gehören in den Bereich ärztlichen Auftrags. Auch die qualitativ neue Art des Eingriffs (beispielsweise statt eines chirurgischen Eingriffs etwa die Ersetzung eines mutierten durch ein intaktes Gen) bedeutet in Zielsetzung und Folgen der Behandlung keine Problematisierung ärztlichen Handelns, solange sie sich auf Therapie von Krankheit oder Erhaltung von Gesundheit bezieht und mit der Einwilligung des Patienten vorgenommen wird. Da die somatische Gentherapie nur auf Behandlung bestimmter Zellen oder Organe eines individuellen Patienten abzielt, die dafür beispielsweise benötigten gewebespezifischen DNA-Transportvehikel jedoch noch nicht zur Verfügung stehen, und daher ein unerwünschter Nebeneffekt auf die Keimzellen nicht auszuschließen ist, müssen für die verantwortliche Anwendung dieser Therapieform weitere Forschungsergebnisse jedoch abgewartet werden. Solange solche spezifischen Transportvehikel nicht verfügbar sind, ist die sich an der Grenze konventioneller Therapiemethoden bewegende somatische Gentherapie noch nicht zu rechtfertigen, da die Keimzellen und damit nachfolgende Generationen auch von ihr betroffen sein könnten.

Stufe 3:
Somatische Gentherapie eines Gendefekts am Ungeborenen

Genetische Defekte lassen sich bereits beim Ungeborenen z.B. durch Fruchtwasseruntersuchung feststellen. Sollte durch pränatale Diagnostik ein solcher Erbfehler festgestellt werden, der beispielsweise eine Stoffwechselkrankheit zur Folge hat, könnte langfristig möglicherweise *in utero*, d.h. beim Ungeborenen, eine somatische Gentherapie durchgeführt werden. Diese Form der Therapie wird zur Zeit im Tierexperiment erprobt, bis zu ihrer Anwendung am Menschen ist es jedoch noch ein langer Weg. Hinsichtlich der genetischen Eingriffstiefe bestehen jedoch keine Unterschiede zu einer Gentherapie beim Geborenen.

Die in anderen Ländern bereits praktizierte, bei uns jedoch gesetzlich verbotene Präimplantationsdiagnostik könnte eine gentherapeutische Behandlung jedoch noch früher ermöglichen. Sie wird im Anschluß an eine In-vitro-Fertilisation (künstliche Befruchtung im Reagenzglas) durchgeführt. Dazu entnimmt man dem sich entwickelnden Embryo im 8-Zellstadium eine Zelle und führt an dieser eine genetische Diagnostik durch. Läßt sich kein Erbfehler feststellen, so wird der Embryo in die Gebärmutter der entsprechenden Frau implantiert. Diese Technik wird insbesondere bei Familien mit familiärem Risiko für eine bestimmte Erbkrankheit durchgeführt, um die Einpflanzung eines Embryos zu vermeiden, welcher nach späterer Diagnostik der Krankheit durch Fruchtwasseruntersuchung möglicherweise abgetrieben wird.

Auch wenn diese Technik aufgrund des deutschen Embryonenschutzgesetzes hierzulande derzeit nicht angewandt werden darf, könnte sich langfristig die Möglichkeit ergeben, einen diagnostizierten Gendefekt noch vor der Implantation des Embryos gentherapeutisch zu beheben. Allerdings wäre bei dieser Form der Präimplantationstherapie die Wahrscheinlichkeit sehr hoch, daß von der gentechnischen Behandlung auch Zellen der Keimbahn betroffen wären. Die Therapie würde nämlich zu einem Zeitpunkt erfolgen, zu dem noch nicht festgelegt ist, zu welchem Gewebe sich die einzelnen Zellen des Embryos weiterentwickeln werden (Anfänglich sind alle Zellen des Embryos gleichwertig oder *omnipotent*. Erst nach einigen Zellteilungen erhalten sie bestimmte Signale, die sie anweisen, sich in bestimmte Zellarten weiterzuentwickeln). In diesem Fall könnten von der Behandlung auch nachfolgende Generationen betroffen sein. Die „Eingriffstiefe" wäre folglich größer.

1. Fallbeispiel: Erbfehler, die zu Fehlbildungen des Gesichts führen

In jüngster Zeit wurden einige genetische Defekte charakterisiert, die zu Fehlbildungen des Gesichts, wie etwa der Lippen-Gaumen-Spalte, führen. Diese Fehlbildungen werden heutzutage erst nach der Geburt chirurgisch korrigiert. Die Kenntnis der für die Fehlbildung verantwortlichen Erbanlage könnte es zukünftig ermöglichen, die Fehlbildung durch einen frühzeitigen gentherapeutischen Eingriff am Ungeborenen zu verhindern, und damit aufwendige Operationen überflüssig machen.

2. These zu Stufe 3

Somatische Gentherapie von Gendefekten Ungeborener hängt in ihrer Beurteilung und Entwicklung aufs engste zusammen mit den Problemen der pränatalen Diagnostik. Die gestiegenen und erweiterten Möglichkeiten der pränatalen Diagnostik haben zu einer Verschärfung des Entscheidungsdrucks in Richtung Schwangerschaftsabbruch geführt. Die Möglichkeiten einer pränatalen Gentherapie werden dementsprechend zu einer schwierigen Abwägung der erwartbaren Therapieerfolge gegenüber der Ungewißheit des Erfolgs veranlassen. Für die damit verbundenen medizinethischen Probleme wäre jedoch nicht die Gentechnik verantwortlich zu machen, denn sie sind, wie schon bisher, allgemeiner Natur und liegen hinsichtlich ihrer ethischen Bewertung im Spannungsfeld von individueller Lebenshaltung, gesellschaftlicher Erwartung und widerstreitenden ethischen Prinzipien (Autonomie, Schutz des Lebens). Eine gesicherte Therapie könnte hier eine die Richtung der Entscheidung bestimmende Rolle spielen.

Hinsichtlich möglicher Konsequenzen für die Keimbahn des Ungeborenen handelt es sich in der ethischen Bewertung um einen Übergang zu Stufe 4.

Stufen 4 bis 7:
Gentherapie für zukünftige Individuen (Keimbahntherapie)

Die folgenden Stufen 4 bis 7 des Eskalationsmodells beziehen sich alle auf die gentechnische Behandlung von Keimzellen, wobei allerdings die Zielsetzungen unterschiedlich sind. Ihnen gemeinsam ist, daß bei Tieren erfolgreiche Verfahren zur Keimzellveränderung auf menschliche Keimzellen übertragen werden müßten. Wie die folgende Beschreibung des hierfür zu beschreitenden Weges deutlich macht, ist bereits die Etablierung dieses Verfahrens aus ethischer Sicht nicht zu rechtfertigen.

Unter Keimbahntherapie versteht man alle Verfahren, die einer permanenten Veränderung des Erbguts von Keimzellen oder ihrer Vorläufer dienen. Damit werden die Veränderungen des Erbguts auf alle nachfolgenden Generationen übertragen - dies im Unterschied zur somatischen Gentherapie, die allein an Körperzellen ansetzt und daher auf das behandelte Individuum beschränkt bleibt. Der Eingriff in die menschliche Keimbahn ist vom deutschen Gesetzgeber verboten. Ein Grund hierfür ist, daß schon die methodische Entwicklung des Verfahrens nur unter

Voraussetzungen möglich wäre, die gegen geltendes Recht (Embryonenschutzgesetz) verstoßen. Im folgenden sollen die bei Tieren erfolgreichen Methoden zur Veränderung der Keimbahn beschrieben werden, die auf den Menschen übertragen werden müßten.

Prinzipiell können genetische Veränderungen der Keimbahn an Samenzellen, Eizellen, befruchteten Eizellen (Zygoten) oder an embryonalen Stammzellen erfolgen. Menschliche Samenzellen wären relativ einfach in großen Mengen zu erhalten (ein ccm Samenflüssigkeit enthält bis zu 150 Millionen Samenzellen). Zur Züchtung transgener Tiere werden aber meist die reifen weiblichen Eizellen verwendet, da sie größer sind und sich daher einfacher handhaben lassen. Durch die Behandlung mit für die Reifung von Eizellen verantwortlichen Hormonen kann man eine sogenannte Superovulation auslösen, so daß bei Maus und Schwein zwischen 30 und 60 Eizellen gleichzeitig zur Reife gelangen können. DNA, die bestimmte gewünschte Gene enthält, wird dann in den Kern der Eizelle injiziert. Nach künstlicher Befruchtung werden die so behandelten Zellen in die Gebärmutter von hormonell entsprechend vorbehandelten Tieren eingepflanzt. Bei Mäusen wird dieses Verfahren meist mit bereits befruchteten Eizellen (Zygoten) durchgeführt, die zusätzlichen DNA-Kopien werden dann in den männlichen Vorkern injiziert, bevor er mit dem weiblichen zum Kern der Zygote verschmilzt (Abbildung 5).

Beim Menschen gelangen normalerweise maximal zwei Eizellen gleichzeitig zur Reife. Selbst durch Superovulation könnten bestenfalls vier bis sechs befruchtungsfähige Eizellen erhalten werden. Hält man sich vor Augen, daß selbst ein geübter Experimentator meist nur eine Ausbeute von 10 Prozent an Tieren erhält, die wirklich neue DNA aufgenommen haben (in der Anfangsphase war es gar nur ein Prozent), ist sofort einsichtig, daß das Verfahren nicht ohne weiteres auf den Menschen übertragbar wäre. Allein zur Optimierung des Verfahrens müßten sich mehrere hundert Frauen bereit erklären, Eizellen zur Verfügung zu stellen. Davon abgesehen, daß die Manipulation der (befruchteten) Eizellen gegen in Deutschland geltendes Recht verstoßen würde, ist bei diesem Verfahren bislang nicht steuerbar, wieviele Kopien wirklich in das Erbgut der Zygote gelangen und an welchen Stellen sie integriert werden. Die therapeutischen DNA-Kopien könnten sich damit an zufällige Stellen setzen (unspezifische Integration) und so andere wichtige Gene zerstören. Dies könnte bei der Anwendung dieses Verfahrens am Menschen zu unabsehbaren Folgen für den aus der Zygote heranwachsenden Menschen und gegebenenfalls seine Nachkommen führen.

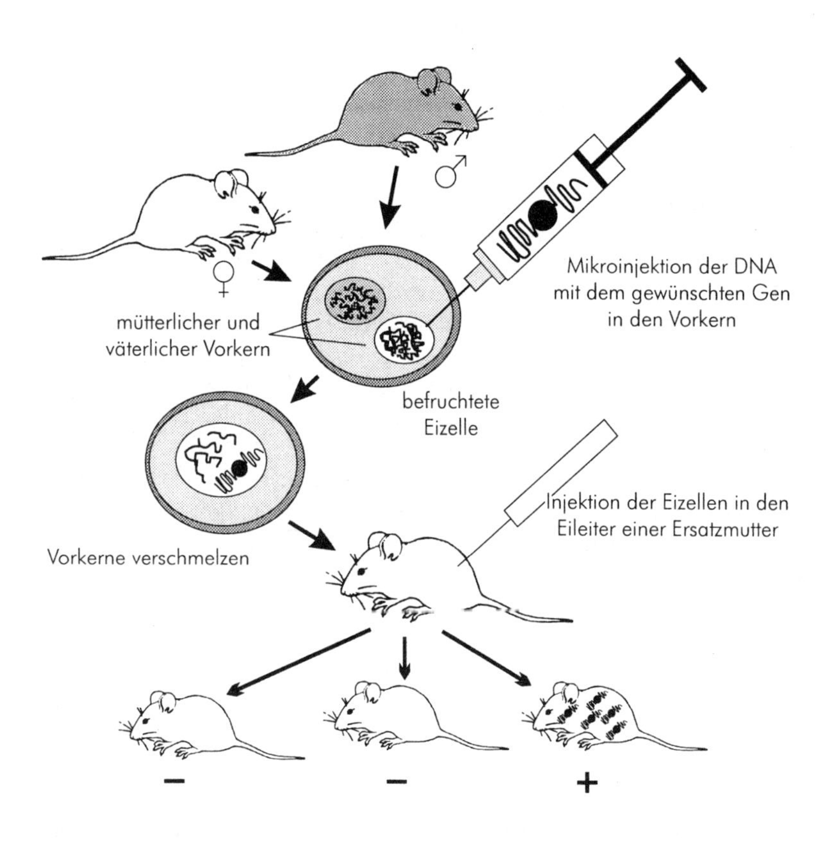

Abbildung 5: Gentechnische Veränderung von Mäusen durch DNA-Injektion

Eine DNA-Lösung mit dem gewünschten Gen wird in den männlichen Vorkern einer befruchteten Eizelle (Zygote) injiziert, bevor er mit dem weiblichen verschmilzt. So behandelte Eizellen werden in Ersatzmütter eingepflanzt. Diejenigen Tiere, die sich aus einer erfolgreich behandelten Eizelle entwickelt haben (+), können das Gen von nun an auch weitervererben, da auch ihre Keimbahn verändert ist.

Bei einem weiteren sehr erfolgreichen Verfahren zur genetischen Veränderung der Keimbahn von Mäusen werden sogenannte embryonale Stammzellen (ES-Zellen) verwendet. ES-Zellen werden durch Verpflanzung befruchteter Eizellen zum Beispiel in die Nierenkapsel von Mäusen erhalten. Sie finden hier ungeeignete Bedingungen vor, die zwar ihre Teilung erlauben, nicht aber die Differenzierung in unterschiedliche Zelltypen ermöglichen. ES-Zellen können dann in Kultur gehalten und vermehrt werden, wobei sie ihre Fähigkeit behalten, sich unter geeigneten Bedingungen in alle unterschiedlichen Zelltypen der Maus weiterzuentwickeln. Durch Injektion von DNA in solche ES-Zellen können transgene Mäuse gewonnen werden. Wenn die injizierte DNA Abschnitte enthält, die mit der chromosomalen DNA identisch sind, so kann in diesem Bereich ein Austausch stattfinden. Die chromosomale DNA (z.B. ein krankhaftes Gen) wird durch die Injizierte (z.B. ein intaktes Gen) ersetzt. Die Identität der auszutauschenden Bereiche muß nicht 100 Prozent betragen, so daß durchaus auch (art)fremde DNA an vorher bestimmte Stellen im Erbgut gebracht werden kann, solange sie nur von DNA-Bereichen umgeben ist, die für die fragliche Stelle charakteristisch sind. Man kann mit dieser Technik aber nicht nur DNA-Bereiche austauschen bzw. mutierte genetische Information ersetzen (sogenannte Knock-In-Mäuse), sondern auch genetische Information zerstören (sogenannte Knock-Out Mäuse). Im Unterschied zu den oben beschriebenen Techniken können die behandelten ES-Zellen vor ihrer Weiterverwendung daraufhin untersucht werden, ob das neue Erbgut an die richtige Integrationsstelle gelangt ist, bzw. ob der gewünschte Bereich entfernt wurde. Die erfolgreich behandelten ES-Zellen werden in frühe Embryonen (Blastocysten) injiziert, wo sie sich in alle Zellarten einschließlich der Zellen der Keimbahn weiterentwickeln können. In Abhängigkeit vom Ausmaß der Keimbahnbesiedlung durch die ES-Zellen erhält man bei der Zucht mit solchen Mäusen einen mehr oder weniger großen Anteil von Nachkommen, die die gewünschte Änderung des Erbguts in der Keimbahn wie auch in den Körperzellen aufweisen (Abbildung 6).

Eine Übertragung dieser Technik auf den Menschen hätte das Etablieren menschlicher ES-Zellen aus frühen Embryonalstadien zur Voraussetzung, was aufgrund unseres Embryonenschutzgesetzes verboten ist. Andererseits ist in anderen Ländern die Forschung an Embryonen erlaubt. Dort würden sich aber technische Hindernisse ergeben. Die embryonalen Stammzellen müßten für jedes Individuum neu angelegt werden. Die Zahl der allein für den Aufbau der Technik der ES-Zell-Produktion beim

Menschen bereitzustellenden Embryonen ist nicht abzuschätzen, da es keinerlei Anhaltspunkte dafür gibt, wie man mit menschlichen Zellen überhaupt experimentell verfahren soll. Auf jeden Fall ginge sie wohl in die Tausende. Was die Verwendung von Embryonen für die Injektion angeht, würde man in der Anfangsphase mindestens einige hundert benötigen. Wiederum müßten sich also Hunderte von Frauen für eine solche Prozedur zur Verfügung stellen. Die Erfolgsquote müßte schließlich so hoch sein, daß man mit vier bis sechs Embryonen auskommt, die beim Menschen durch eine einmalige Superovulation zu erhalten sind. Es sei denn man würde die Superovulation mehrere Male hintereinander vornehmen und die Embryonen zwischenzeitlich einfrieren, was nicht durchführbar erscheint.

Insbesondere zu bedenken ist auch, daß sich bei dieser Technik - wie aus der Beschreibung der Vorgehensweise bei Mäusen ersichtlich geworden ist - in der ersten Nachkommengeneration sogenannte „Mosaike" aus behandelten und nicht-behandelten Zellen entwickeln. Der Eingriff würde also erst in der zweiten Generation voll wirksam.

Stufe 4: Keimbahntherapie zur Behandlung von krankheitsverursachenden Erbfehlern

Sollten die bei Tieren verwandten Verfahren trotz aller Probleme auf den Menschen übertragen werden, so könnte die Einführung von therapeutischen Genen zur Behandlung von Erbkrankheiten oder Krankheitsdispositionen bereits auf der Ebene der Keimbahn erfolgen. Eine mit hohem Risiko in einer Familie immer wieder auftretende Erbkrankheit könnte damit für die nachfolgenden Generationen eliminiert werden.

1. Fallbeispiel: BRCA1

Eine präventive somatische Gentherapie mit intaktem BRCA1-Gen könnte bei Frauen mit mutiertem Gen das Risiko, an Brustkrebs zu erkranken, beträchtlich vermindern (Stufe 2, 5.). Schlüssiger wäre im Prinzip eine Therapie, die bereits auf der Ebene der Keimbahn einsetzte: Sie wäre effektiver, da die Schwierigkeit, die Zellen des Brustgewebes zu erreichen, wegfiele.

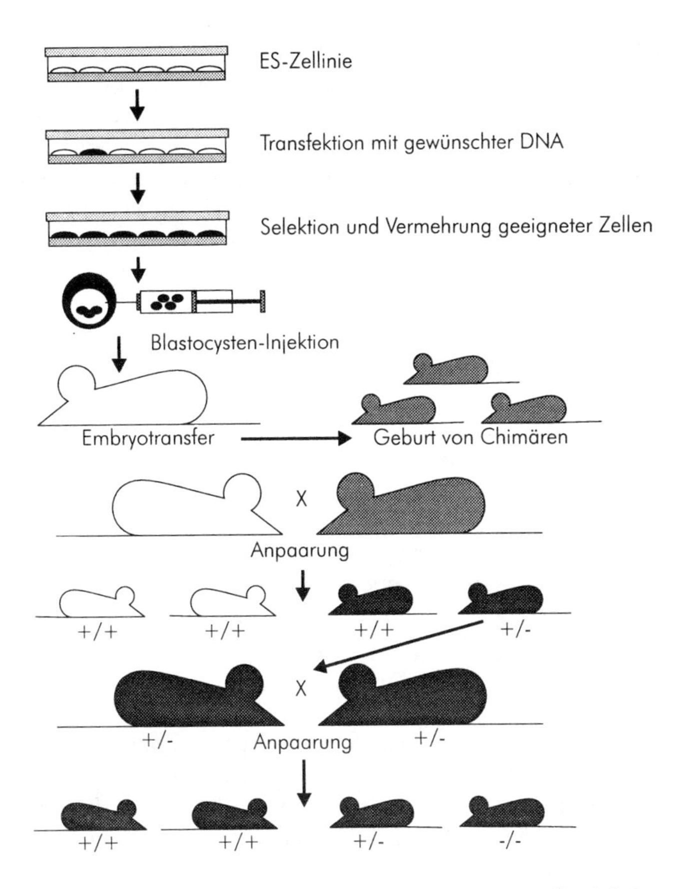

Abbildung 6: Genetische Veränderung von Mäusen durch ES-Zell-Injektion

In Kultur gehaltene embryonale Stammzellen (ES-Zellen) werden mit der gewünschten DNA behandelt. Diejenigen Zellen, die die DNA in ihr eigenes Erbgut aufgenommen haben, werden ausgewählt und weiter vermehrt. Dann werden sie in Embryonen im Blastocysten-Stadium injiziert. Diese Embryonen werden in Ersatzmütter implantiert und entwickeln sich zu sogenannten Chimären, d.h. Tieren, die zum Teil aus den genetisch veränderten und zum Teil aus normalen Zellen bestehen. Durch aufeinanderfolgende Paarungen kann man schließlich Tiere erhalten, die in allen Zellen, auch denen der Keimbahn, das veränderte Erbgut besitzen.

2. Fallbeispiel: Cystische Fibrose

Die Cystische Fibrose ist mit einer Häufigkeit von einem Krankheitsfall unter 2000 Neugeborenen die häufigste Erbkrankheit. Da es sich um eine *rezessive* Erkrankung handelt, sind von ihr Personen betroffen, die genetische Fehler in beiden Genkopien haben. Sind beide Elternteile Träger einer defekten Genkopie, so sind sie selbst gesund, haben aber ein Risiko von 25 Prozent, ein krankes Kind zu bekommen. Um dieses Risiko zu eliminieren, könnte bei einem der Ehepartner eine genetische Korrektur der Keimzellen vorgenommen werden.

3. Fallbeispiel: Chorea Huntington

Bei der Chorea Huntington (Veitstanz) handelt es sich um eine degenerative Erkrankung des Gehirns, die meist zwischen dem 35. und 45. Lebensjahr ausbricht und sich zunächst mit Bewegungsstörungen und später mit zunehmender Demenz äußert. Die Erkrankung wird *dominant* vererbt, d.h. bereits eine mutierte Genkopie führt zum Ausbruch der Erkrankung. Da das Gehirn einer somatischen Gentherapie schwer zugänglich ist, ansonsten aber derzeit keinerlei Therapie zur Verfügung steht, könnte eine Korrektur des fehlerhaften Gens auf der Ebene der Keimbahn als therapeutische Option in Betracht gezogen werden.

4. These zu Stufe 4

Der experimentelle Weg einer möglichen Übertragung der Techniken zur Veränderung der Keimbahn von Tieren auf den Menschen ist ethisch nicht vertretbar, da er eine „verbrauchende Embryonenforschung" zur Voraussetzung hätte. Die Keimbahntherapie ist deshalb in Deutschland gesetzlich untersagt.

Wäre sie technisch machbar und gesetzlich zulässig, so bildete die Keimbahntherapie die erste und derzeit eigentlich gravierende Stufe in der Bewertung der Gentechnik als „Eingriff" in den Menschen, da sie über ein konkretes Individuum hinausginge und sich auch auf sämtliche Nachkommen eines Menschen erstreckte; sie hat daher eine neue Dimension der Eingriffstiefe erreicht. Darum sind hier besondere Abwägungen nötig.

- Nach Kriterien ärztlichen Handelns könnte die Therapie einer Krankheit im Sinne der Korrektur eines krankheitsbedingenden Defekts

(Kompensation einer Einschränkung des Kinderwunschs durch eine Erbkrankheit) zur Legitimation des Keimbahneingriffs angeführt werden.

- Auch die Kriterien der Würde der Person, deren Keimzellen behandelt würden, könnten hinsichtlich Autonomie und Einwilligung erfüllt sein.
- Gegen die Keimbahntherapie spräche auch nicht notwendigerweise, daß die Therapie nicht einem konkret zu behandelnden Individuum gilt, sondern einer undefinierten Anzahl potentieller Nachkommen.
- Diese im Prinzip unbegrenzte Ausweitung widerspräche jedoch dem Konsens über das Mandat des ärztlichen Berufs und würde dem ärztlichen Handeln einen ihm fremden Auftrag stellen.
- Keimbahntherapie überschreitet insoweit den Rahmen der allgemeine Zustimmung findenden Aufgabe ärztlichen Handelns.
- Billigung und Zulassung der auf Keimbahntherapie zielenden Forschung ist daher ohne einen die Anwendung verantwortenden Beruf nicht konsensfähig.

Die erforderliche ethische Abwägung muß auch die Frage berücksichtigen, ob ein solch weitgehender Eingriff überhaupt in sinnvoller Relation zu der jeweiligen zu behandelnden Erkrankung steht. Insbesondere bei rezessiven Erkrankungen (z.B. der Mukoviszidose), bei denen beide Genkopien von dem Gendefekt betroffen sein müssen, damit es zum Ausbruch der Krankheit kommt, wäre eine gentherapeutische Korrektur der Keimzellen höchstens dann sinnvoll, wenn beide Elternteile Träger einer solchen Erbanlage sind. Aber auch in diesem Fall wären „nur" 25 Prozent der Nachkommen von der Erkrankung betroffen, so daß als Alternative zur Keimbahntherapie eine genetische Diagnostik und im ungünstigen Fall ein Schwangerschaftsabbruch in Frage käme, um die Geburt kranker Nachkommen zu verhindern. Selbst im Fall von dominanten Erkrankungen (z.B. Chorea Huntington), die sich bei Mutation einer der beiden Genkopien manifestieren, hat der Träger eines solchen Gens eine 50prozentige Chance auf gesunde Nachkommen, so daß eine genetische Diagnostik ebenfalls Sicherheit verschaffen kann.

Auch die Verhinderung von Erbkrankheiten kann somit nicht als Exempel für eine generelle ethische Rechtfertigung der Keimbahntherapie verwendet werden.

Stufe 5:
Keimbahntherapie mit Einführung „neuer“ Gene zur Krankheitsprävention

Nach heutigem Erkenntnisstand gibt es genetische Resistenzmechanismen, die bestimmte Menschen oder Tierarten weniger anfällig beispielsweise für eine Viruserkrankung machen. Ein gentherapeutischer Eingriff könnte daher zum Ziel haben, ein solches Resistenzgen zur Krankheitsprävention in das Erbgut anderer Menschen einzuführen.

1. Fallbeispiel: Grippe

Alljährlich bedrohen uns neue Varianten von Grippe- (Influenza-) Viren und können z.B. bei immungeschwächten Patienten zum Tode führen. Mäuse haben das Mx1-Gen, das ihnen eine Resistenz gegen diese Viren verleiht. Zwar existiert ein ähnliches Gen (MxA-Gen) auch beim Menschen, doch konnte man dessen Wirkung gegen Influenzaviren bislang nur in Zellkulturen oder transgenen Mäusen, denen man das Gen eingefügt hat, nachweisen. Daß es beim Menschen selbst auch diese Wirkung hat, ist nach neueren Erkenntnissen eher unwahrscheinlich. Da die verfügbaren herkömmlichen Impfmethoden gegen Grippeviren nicht sehr effektiv sind und jedes Jahr neue Impfstoffe hergestellt werden müssen, könnte man in Erwägung ziehen, das Gen der Maus durch Keimbahnbehandlung auf den Menschen zu übertragen, um ihn vor sämtlichen Virusvarianten zu schützen.

2. Fallbeispiel: Aids

Es wird immer wieder über Fälle berichtet, bei denen Personen selbst nach über zehnjähriger HIV-Infektion noch nicht an Aids erkrankt sind. Experten streiten noch darüber, ob diese Personen mit einer weniger pathogenen Variante des HI-Virus infiziert sind oder, ob sie über eine genetische Resistenz gegenüber dem Virus verfügen. Es scheint auf jeden Fall beim Pavian eine natürliche Resistenz gegen HIV-Varianten, die für den Menschen pathogen sind, zu geben. Deshalb wurde kürzlich der Versuch unternommen, einen amerikanischen Aids-Patienten durch die Transfusion von Pavian-Knochenmark zu behandeln. Dieser Versuch schlug zwar fehl, da die Immunzellen des Patienten die Pavian-Immunzellen natürlich als fremd erkannten und vernichteten. Würde jedoch durch weitere Forschungsarbeiten ein HIV-Resistenzgen der immunen Menschen oder des Pavians entdeckt, könnte dieses möglicherweise anstelle einer Impfung im Rahmen einer Keimbahntherapie auf andere Menschen übertragen werden.

3. These zu Stufe 5

Prinzipiell könnte eine Keimbahntherapie zur Krankheitsprävention (z.B. in Hinsicht auf die HIV- oder Influenza-Infektion) nach dem Kriterium ärztlichen Handelns als Krankheitsvorsorge analog von Schutzimpfungen beurteilt werden. Geklärt werden muß dabei aber die Beurteilung des Krankheitswerts der jeweiligen Erkrankung (Übertragungsbedingtheit, Verhaltensweise, Verfügbarkeit von herkömmlichen Therapien, Sterblichkeitsrate etc.) und damit die Sinnhaftigkeit einer solchen Maßnahme. Die Rechtfertigung einer genetischen Impfung gegen Krankheiten dürfte in der Wirksamkeit und vernachlässigbaren Nebenwirkungen liegen. Am Verhältnis einer solchen Nutzen/Risiko-Abwägung müßten zukünftige, präventive Maßnahmen mit gentechnologischen Mitteln beurteilt werden.

Durch die Irreversibilität einer solchen gentechnischen Impfung auf der Ebene der Keimzellen stellt sich jedoch die Frage, ob mögliche Folgen derzeit wirklich absehbar sind. Es handelte sich bei einem solchen Eingriff nämlich nicht um die Korrektur eines fehlerhaften Gens, sondern um das Einfügen eines für den Organismus unter Umständen völlig neuen, weil von einer anderen Art stammenden Gens. Wie sich dies auf die Gesamtheit des Genoms auswirken könnte, ist nach dem heutigen Stand der Technik völlig unklar, so daß solche Eingriffe abzulehnen sind.

Selbst wenn die Impfung an sich ohne Risiko ist, bleibt die Frage nach zukünftigen Folgen für die Gesamtpopulation offen, denn bestimmte Erkrankungen können unter Umständen auch einen Überlebensvorteil bei anderen Erkrankungen oder Umweltbedingungen bieten (beispielsweise sind Menschen mit Sichelzellenanämie weniger anfällig gegen Malaria). Die mögliche breite Anwendung entsprechender präventiver Maßnahmen mit gentechnologischen Mitteln liegt deshalb nicht in der Kompetenz des einzelnen Arztes oder der Entscheidung des Patienten, sondern kann analog präventiver Schutzmaßnahmen (herkömmliche staatlich verordnete Impfungen) eine Angelegenheit der Gesellschaft werden.

Sogar wenn eine solche gentechnische Impfung auf Keimbahnebene medizinischen Sicherheitsanforderungen entspräche und keine gesundheitlich negativen Folgen für die Gesamtpopulation zu erwarten wären, so wäre sie aus ethischer Sicht aufgrund der genannten Schwierigkeiten schon bei der Entwicklung des Verfahrens ethisch nicht zu rechtfertigen.

Stufe 6:

Keimbahntherapie als Präventivmaßnahme gegen Risikofaktoren oder Normabweichungen

In Abhängigkeit von dem zugrundeliegenden Krankheitsbegriff können auch Normabweichungen als Krankheit angesehen werden, ohne daß ihnen per se ein eindeutiges pathologisches Korrelat (z.B. Symptome) zugeordnet werden kann. Hier kommen beispielsweise Normabweichungen der körperlichen Statur in Frage, oder auch Risikofaktoren, die durch eine einfache Veränderung der Lebensführung (beispielsweise der Eßgewohnheiten) beeinflußt werden könnten.

1. Fallbeispiel: Fettleibigkeit

Als Beispiel für diese Kategorie käme die Fettleibigkeit in Frage. Sie kann als Verhaltensstörung aufgefaßt und entsprechend therapiert werden. Ebenso kann sie aber als genetisch prädisponierter Phänotyp mit erhöhtem Risiko für Gefäßerkrankungen angesehen werden. Die variable Zuschreibung zu verhaltensbedingter Normabweichung oder genetischer Krankheitsveranlagung resultiert in der Frage nach der Indikation einer gentherapeutischen Maßnahme. Handelt es sich hier um eine Korrektur eines mutierten Gens oder um eine Neueinfügung zur Beeinflussung einer individuelles Handeln bedingenden Normabweichung?

Vor kurzem wurde ein Gen entdeckt, das für eine verstärkte Neigung zur Fettsucht verantwortlich gemacht wird (Obesitas-Gen). Die gentherapeutische Behandlung einer Veranlagung zur Fettleibigkeit könnte in greifbare Nähe gerückt sein. Diese Behandlung wäre als Grenzfall zur nächsten Stufe anzusehen, da sie mit eindeutiger therapeutischer Absicht durchgeführt würde, jedoch unter Umständen auch eine Beeinflussung der menschlichen Verhaltensnormen zur Folge hätte (siehe Stufe 7).

2. Fallbeispiel: Extreme Aggressivität

Aggression ist eine naturale Antriebskraft und gehört zur Grundausstattung des Menschen. Entgegen einer bis in die 70er Jahre hinein weit verbreiteten Annahme, nach der Aggression erst durch äußere Einflüsse hergestellt wird und damit rein reaktiver Natur sei, kann man heute relativ gesichert eine biologische Verankerung des Aggressionsphänomens annehmen. Es gibt jedoch Menschen, die im Vergleich zu ihren Mitmenschen zu sehr extremen Formen der Aggressivität neigen, die nicht mehr als normal gewertet werden.

Im November 1995 beschrieben amerikanische Forscher, daß das Ausschalten des sogenannten nNOS-Gens bei männlichen Mäusen zu starker Aggressivität führt: Männchen bekämpfen sich untereinander bis zum Tod, gegenüber Weibchen zeigen sie einen außergewöhnlich starken Sexualtrieb, auch wenn die Weibchen kein Gegeninteresse zeigen. Weibchen mit demselben Gendefekt wirken dagegen normal. Es ist möglich, daß für den Menschen eine ähnliche genetische Veranlagung zu extremer Aggressivität besteht, wobei aber vermutlich mehrere Gene beteiligt sind. Es erscheint denkbar, daß eine Keimbahntherapie zur Elimination dieser Verhaltenseigenschaft bei den Nachkommen gewünscht wird.

3. Fallbeispiel: Körpergröße

Die Körpergröße ist in hohem Maße variabel und von genetischen wie von umweltbedingten Parametern (Ernährungsgewohnheiten, medizinische Versorgung) abhängig. Abweichungen von der Norm sind hier eher die Regel als die Ausnahme, die Definition dessen, was als normal angesehen wird, erscheint willkürlich. So gelten hierzulande Personen, die kleiner als 150 cm sind, als kleinwüchsig, während dies in anderen Ländern als völlig normal gilt. Sollten die verantwortlichen Erbanlagen charakterisiert werden, so könnte auch der Wunsch nach Beeinflussung der zu erwartenden Körpergröße der Nachkommen laut werden.

4. These zu Stufe 6

Grundsätzlich ist festzustellen, daß die Definition von Normabweichungen höchst willkürlich ist, da es keinen real existierenden Menschen gibt, der in einem statistisch auszumittelnden Sinne „normal" bzw. völlig „gesund" wäre. Jedenfalls liegen Maßnahmen, die die Korrektur von

Normabweichungen auf ein Normalmaß bezwecken, nicht im Toleranzrahmen eines dem ärztlichen Beruf gemäßen Krankheitsbildes. Bei wem die Kompetenz zur Verantwortung solcher Eingriffe liegen könnte, ist darum völlig unklar. Diese theoretischen Möglichkeiten der Gentechnik zu präventiven Korrekturen müßten als Eingriffe am Menschen auf einer Basis erfolgen, die äußerst schwankend wäre, dem Wandel kultureller Sichtweisen unterworfen und zu einer biologischen Auffassung des Menschen tendierend, die mit dem Kriterium der Menschenwürde nicht kompatibel wäre. Die Ziele einer solchen Keimbahntherapie sind folglich ethisch nicht zu rechtfertigen. Der Eingriff ist grundsätzlich abzulehnen.

Stufe 7: Keimbahntherapie zur Veränderung der menschlichen Gattung

Eine äußerste Stufe gentherapeutischer Möglichkeiten dürfte in der Veränderung von komplexen und multifaktoriell angelegten menschlichen Eigenschaften wie etwa der Intelligenz liegen. Prinzipiell gilt, daß kognitive Merkmale nicht ausschließlich genetisch bestimmt sind. Deshalb sind die Ergebnisse einer Beeinflussung kognitiver Merkmale durch gentechnische Mittel auch nicht kontrollierbar. Dementsprechend müßten sich beabsichtigte Eingriffe über evolutionsbedingte Entwicklungszustände und natural disponierte Verhaltensmerkmale willkürlich hinwegsetzen. Denn wer bestimmt aktuelle Defizite oder Wünschenswertes? Es steht nicht fest, welche Form von Intelligenz oder sozialen Verhaltensmustern in Zukunft vorteilhaft sein wird. Zudem können Verhaltensvorteile, die kulturell vermittelt werden, nicht bruchlos auf die biologische Ebene der Anthropologie zurückverlagert werden.

1. Fallbeispiel: Intelligenz

Viele Untersuchungsergebnisse legen die Vermutung nahe, daß Intelligenz (zumindest teilweise) genetisch determiniert wird. Mit Sicherheit sind hierfür aber sehr viele Gene verantwortlich. Darüber hinaus sind Förderung und Impulse durch die Umwelt eines heranwachsenden Kindes mindestens ebenso wichtig für die Intelligenzbildung. Dennoch: Sollten die verantwortlichen Gene eines Tages bekannt sein, so erscheint es denkbar, daß Eltern den Wunsch nach einer Keimbahnbehandlung äußern, um ein möglichst intelligentes Kind zu bekommen.

2. Fallbeispiel: Aggression

Bei der menschlichen Aggression handelt es sich um ein emotional verursachtes, gerichtetes oder ungerichtetes kämpferisches Verhalten. Man geht mit der modernen Verhaltensforschung bei der Aggression von einer primären, biologisch bedingten Antriebsgrundlage mit innerer Erregungsproduktion und einem entsprechenden Begehrverhalten aus. Als naturale Antriebskraft gehört Aggression zur Grundausstattung des Menschen. Sie bedarf zwar der Steuerung, ist aber zugleich für eine humane Gestaltung des menschlichen Lebens unentbehrlich. Die Annahme eines genetisch fixierten Aggressionspotentials könnte aber den Wunsch nach gentherapeutischen Eingriffen als denkbar erscheinen lassen, mittels derer dieses gelenkt oder gar eliminiert werden soll.

3. Fallbeispiel: Alterung

Es gilt als wahrscheinlich, daß genetische Faktoren an Alterungsprozessen beteiligt sind. So wurde beispielsweise 1996 ein mutiertes Gen beschrieben, das zu dem sogenannten Werner-Syndrom führt. Diese Erkrankung äußert sich durch vorzeitiges Altern. Forscher spekulieren, daß das Gen auch an normalen Alterungsprozessen mitbeteiligt sein könnte. Auch deuten Ergebnisse beim Fadenwurm *Caenorhabditis elegans* darauf hin, daß die Lebensspanne dieses Tieres extrem schwanken kann und von bestimmten Genvarianten abhängig ist.

Es erscheint denkbar, daß der Wunsch nach gentherapeutischen Eingriffen zur Verlangsamung von Alterungsprozessen geäußert wird, wenn im Zuge des Human-Genomprojekts alle hierfür verantwortlichen genetischen Faktoren aufgeklärt werden sollten.

4. These zu Stufe 7

Die Perspektive einer gentechnologischen Veränderung der menschlichen Gattung gehört grundsätzlich nicht in den Bereich des ethisch zu rechtfertigenden medizinischen Handelns. Es gibt für einen solchen Eingriff keine allgemein und wissenschaftlich ausweisbaren Gründe und Kriterien. Eine Wissenschaft, die sich derartigen Zielen widmen würde, machte den Wissenschaftler tendenziell zum übermenschlichen Konstrukteur des Menschen. Bei nüchterner Betrachtung muß vielmehr festgestellt werden, daß für solche spekulativen Zielsetzungen keine wissenschaftlich fundierten Erkenntnisse vorliegen, die der Komplexität des Menschen und seiner Kultur gerecht zu werden vermögen. Das in dieser These formulierte „Verbot" ist darum bei genauerer Betrachtung nichts anderes als die Kehrseite des Gebots wissenschaftlicher Einsicht in die Grenzen dessen, was die Wissenschaft von der Natur für die Kultur des Menschen leisten kann und was gerade nicht.

VI. Zusammenfassende Schlußbemerkungen

1. Das in sieben Stufen entwickelte Modell zeigt, wie ein Dialog über Kriterien zur ethischen Bewertung gentechnischer Eingriffe zu bestimmten Ergebnissen führt. Die Ausarbeitung wird als *Modell* für einen solchen Dialog zur Diskussion gestellt, weil die Verfasser der Auffassung sind, diese Vorgehensweise könne durchaus *exemplarisch* sein auch für andere Problemfelder, auf denen die Anwendung naturwissenschaftlicher Erkenntnisse auf den Menschen und die vom Menschen zu verantwortende Kultur gegenwärtig strittig ist. Ethische Urteilsbildung muß sich dabei auf eine differenzierte und differenzierende Kenntnis des Standes wissenschaftlicher Forschung einlassen. Dieser Aufgabe dient die Darstellung der konkreten Fallbeispiele.

2. Die Bezeichnung als *Eskalationsmodell* trägt der Aufgabe des Abwägens Rechnung: Im Prozeß konkreter Urteilsbildung muß im Dialog von Wissenschaft und Ethik fallweise abgewogen werden. Dabei wurde hier von einer prinzipiell und praktisch konsensfähigen ersten Stufe der ärztlichen Anwendung gentechnischer Mittel am Menschen ausgegangen. Die weiteren Stufen tatsächlich möglicher oder nur in der Diskussion befindlicher potentieller Anwendungen haben den Charakter einer Eskalation, bei der die Urteilsbildung sich an bestimmten Schwellen verdichtet. Das äußerste Extrem der Eskalation bildet die siebte Stufe, die eindeutig jenseits dessen liegt, was schon der Absicht nach als wissenschaftlich und ethisch zu rechtfertigen gelten kann.

3. Die Abwägung auf den Stufen zwei bis sechs gibt jeweils Anlaß, die wissenschaftlich möglichen Anwendungen in Beziehung zu den grundlegenden Kriterien zu diskutieren und zu beurteilen. Der vorrangige Bezugspunkt zwischen den allgemeinen Kriterien (Kapitel III) und den diskutierten Anwendungsmöglichkeiten wird in diesem Modell gebildet von den Aufgaben und Grenzen ärztlichen Handelns als Eingriff in den Menschen. Dabei zeigt sich, daß die wissenschaftlich wie ethisch genau zu betrachtende, qualitativ bedeutsame Schwelle im Verlauf der Stufen zwischen den Stufen drei und vier liegt, also dort, wo die Grenze zwischen Therapie von Individuen und Therapie von Vertretern der Spezies Mensch überschritten wird. Diese Grenze zu respektieren, gehört unabdingbar zum Verständnis der Wissenschaft als Teil der von Menschen zu verantwortenden Kultur.

4. Mit den Ergebnissen, die in diesem Modell entwickelt worden sind, werden der anwendungsorientierten Forschung keine prinzipiellen ab-

strakten Schranken von außen auferlegt, die mit der Freiheit der Wissenschaft unvereinbar wären. Vielmehr wird in der hier demonstrierten dialogischen Vorgehensweise eine Einsicht praktisch und methodisch umgesetzt, in der die Forschung selbst als Teil der Kultur fungiert. Insofern gehört es zur Freiheit der Wissenschaft, daß sie sich an der Diskussion ihrer Ziele und ihrer möglichen Anwendungen in eigener Kompetenz beteiligt. Das schließt dann auch die Diskussion der von ihr selbst wahrzunehmenden Grenzen mit ein. Die forschende Wissenschaft muß sich an dieser Diskussion genauso beteiligen wie die Öffentlichkeit sich über die tatsächlichen Ergebnisse und Möglichkeiten der Forschung konkret Klarheit verschaffen muß. Das kann aber nicht pauschal und generell geschehen; es bedarf dazu der Auseinandersetzung mit konkreten Fällen.

5. Der Gewinn des hier zur Diskussion gestellten Eskalationsmodells liegt darin, für diese notwendige Diskussion relevante Beispiele als Grundlage für den Prozeß der Urteilsbildung darzustellen. Die öffentliche Diskussion muß sich von einer allgemeinen und unspezifischen Bewertung „der" Gentechnik an sich fortbewegen hin zu einer solchen fallweisen und anwendungsbezogenen Erörterung. Gentechnik kann und soll als solche nicht generell und umstandslos verurteilt oder gefördert werden: Pauschalurteile dieser Art werden in keiner Weise dem Stand der Forschung gerecht und entsprechen auch nicht dem Stand sachgerechter ethischer Urteilsbildung.

6. Das hier vorgelegte Eskalationsmodell soll sich daher von seinen Ergebnissen her für die Weiterentwicklung des Dialogs empfehlen.

VII. Glossar

Aminosäuren
Bausteine der Proteine.

Antibiotikum
Wirkstoff, der das Wachstum von Bakterien hemmt oder aber Bakterien abtötet.

Antigene
Stoffe, die das Immunsystem zur Bildung von spezifischen Antikörpern (→) anregen. Dies können beispielsweise Proteine sein, die sich auf der Oberfläche von Viren oder Bakterien befinden, aber auch beispielsweise bestimmte Oberflächenstrukturen von Tumorzellen bzw. alle anderen Stoffe, die vom Immunsystem als fremd erkannt werden.

Antikörper
Als Reaktion auf den Kontakt mit fremden Antigenen (→) bildet das Immunsystem spezifische Abwehrproteine (sog. Antikörper), die im Blut zirkulieren und die Fremdstoffe unschädlich machen.

Blastocyste
Frühes Embryonalstadium, bei dem die sich teilende Zygote (→) eine blasenförmige Gestalt angenommen hat.

Chimäre
Lebewesen, das Zellen unterschiedlicher Herkunft und damit unterschiedlicher genetischer Information besitzt.

Chromosom
Das Erbmaterial DNA (→) ist zu höheren Strukturen, sogenannten Chromosomen, aufgewickelt. Der Mensch beispielsweise hat 46 (2 mal 23) Chromosomen, wovon jeweils zwei (mit Ausnahme der beiden Geschlechtschromosomen) mit Genen für die gleichen Merkmale ausgestattet sind (sie sind homolog). Jeder Mensch hat also beispielsweise zwei Gene, die die Information für das Hormon Insulin liefern. Eine Ausnahme bilden hiervon nur die sogenannten Geschlechtschromosomen X und

Y (XX = weiblich, XY = männlich), die unterschiedliche Gene aufweisen.

Codieren
Die Information für die Synthese eines Proteins liefern.

DNA
DNA (Desoxyribonucleic Acid, deutsch: DNS, Desoxyribonukleinsäure) ist die chemische Substanz, aus der das Erbmaterial besteht. Die DNA ist ein langer Faden aus vier verschiedenen Bausteinen (Nukleotiden), deren Reihenfolge den Informationsgehalt der DNA ausmacht.

DNA-Ligase
Enzym, das DNA-Fragmente miteinander verknüpft.

Dominant
Ein Gen auf einem Chromosom wird dann als dominant bezeichnet, wenn die von ihm gelieferte Information dominierend über die zweite Genkopie ist, deren Wirkung also überdeckt. Beispielsweise kann ein mutiertes Gen (etwa für die Chorea Huntington, den sog. Veitstanz) stärker als das intakte Gen sein.

Embryonale Stammzellen (ES-Zellen)
Zellen, die aus Embryonen gewonnen werden können und in der Lage sind, sich in alle anderen Zelltypen weiterzuentwickeln. Sie können in Kultur gehalten werden und differenzieren sich erst zu anderen Zelltypen, wenn sie geeignete Bedingungen vorfinden, beispielsweise nach Injektion in einen Embryo.

Epithelzellen
hier: Zellen des Brustgewebes.

Ex-vivo-Therapie
Somatische Gentherapie (→), bei der die von einer Erkrankung betroffenen Zellen außerhalb des Körpers mit therapeutischem Erbgut versehen werden. Diese Form der Therapie wird bei Blutzellen bzw. ihren Vorläufern angewandt (→ Ggs. In-vivo-Therapie).

Fermenter
Ein Behälter zur Kultivierung von Mikroorganismen wie Bakterien oder Hefen in großen Mengen.

Gen
Ein Gen ist ein Abschnitt der Erbsubstanz, der der Zelle (→) die Information für die Herstellung eines Proteins (→) liefert.

Genom
Die Gesamtheit des Erbguts eines Lebewesens.

HIV / HI-Virus
Das Virus, das Aids auslöst.

Homolog
Zwei Gene sind homolog, wenn sie die Information für die Synthese des gleichen Proteins liefern. Die Sequenz der homologen Gene kann dabei aber differieren (z.B. intaktes und mutiertes Gen).

Human-Genomprojekt
Projekt mit dem Ziel, die Sequenz (→) des gesamten menschlichen Erbguts zu entschlüsseln und die Funktion der einzelnen Gene aufzuklären.

Immunstimulationstherapie
Eine Behandlung, bei der das Immunsystem dazu angeregt wird, sich stärker gegen Krankheitserreger oder Tumorzellen zur Wehr zu setzen.

In-vitro-Fertilisation
Künstliche Befruchtung im Reagenzglas oder im weiblichen Eileiter.

In-vivo-Therapie
Somatische Gentherapie (→), bei der die therapeutischen Genkopien direkt in das von einer Erbkrankheit betroffene Organ eingeschleust werden (→ Ggs. Ex-vivo-Therapie).

Kartierung
Die Erforschung der „Landkarte“ des menschlichen Erbguts, das heißt Aufklärung der Position der einzelnen Gene auf den Chromosomen.

Keimbahn
Als Keimbahn eines Lebewesen wird die Gesamtheit der Keimzellen (→) und unreifer Vorläuferzellen bezeichnet.

Keimbahntherapie
Gentherapie, bei der Keimzellen und/oder ihre unreifen Vorläuferzellen mit neuem oder therapeutischem Erbgut versehen werden sollen.

Keimzellen
Eizellen und Samenzellen. Im Gegensatz zu Körperzellen haben sie jeweils nur 23 Chromosomen (→). Nach ihrer Verschmelzung entsteht eine Zygote (→), die wieder 46 Chromosomen besitzt.

Knock-Out-Maus
Maus, bei der durch gentechnische Eingriffe in die Keimbahn ein Gen zerstört oder entfernt wurde. Durch den Verlust des fraglichen Gens kann die Funktion des von ihm codierten Proteins bestimmt werden.

Multifaktoriell
An der Ausprägung eines Merkmals oder einer Krankheit sind mehrere Faktoren beteiligt. So können beispielsweise mehrere Gene gleichzeitig mit bestimmten Umweltbedingungen zum Ausbruch einer Krankheit führen.

Mutation
Eine Mutation ist eine Veränderung in der Reihenfolge der DNA-Bausteine eines Gens, die den Informationsgehalt derart beeinflußt, daß ein verändertes, oft nicht-funktionelles oder gar kein Genprodukt (→ Protein) hergestellt wird.

Nukleotid
Die vier DNA-Bausteine A, G, C, und T, deren Reihenfolge den Informationsgehalt bestimmt, werden Nukleotide genannt.

Obesitas
Fettleibigkeit.

Omnipotenz
Bis zu einem bestimmten frühen Zeitpunkt der Entwicklung sind alle Zellen eines Embryos in der Lage, sich in sämtliche Zellarten weiterzuentwickeln, d.h. sie sind omnipotent. Später wird dagegen festgelegt, welche Zelle sich in welches Gewebe differenziert.

Pathogen
Krankheitsauslösend.

Phänotyp
Die Summe aller Merkmale eines Individuums, die durch das Zusammenwirken des individuellen Erbguts, der Entwicklung und der Umwelt ausgeprägt werden.

Plasmid
Ein ringförmiges DNA-Molekül von Bakterien, in das zusätzliche Gene eingefügt werden können. In den Bakterien kann dann anhand des Plasmids das von dem zusätzlichen Gen codierte Protein synthetisiert werden.

Prädisponiert / Prädisposition
Unter Prädisposition versteht man (im Zusammenhang der Genetik) eine genetische Veranlagung, die mit großer Wahrscheinlichkeit zu einer Krankheit oder Störung führt.

Präimplantationsdiagnostik
Nach einer künstlichen Befruchtung an dem entstandenen Embryo meist im 8-Zellstadium durchgeführte genetische Untersuchung zur Erkennung einer Erbkrankheit vor der Implantation in die weibliche Gebärmutter.

Pränatale Diagnostik
Genetische Untersuchung meist an embryonalen Zellen, die sich im Fruchtwasser befinden. Sie wird bei Schwangeren über 35 durchgeführt, wobei im allgemeinen nur Zahl und Gestalt der Chromosomen (→) untersucht werden. Ist die Familie der Schwangeren oder des Vaters dagegen mit einer bestimmten Erbkrankheit vorbelastet, kann auch eine Untersuchung der spezifischen, hierfür verantwortlichen Gene erfolgen.

Protein

Proteine sind einerseits Strukturgeber der Lebewesen (z.B. Haare, Fingernägel bestehen aus Proteinen) andererseits aber ermöglichen sie auch sämtliche Reaktionen, die für das Leben an sich notwendig sind. Man nennt sie dann auch Hormone oder Enzyme. Beispielsweise das Hormon Insulin ist dafür verantwortlich, daß nach Nahrungszufuhr Zucker aus dem Blut in die Zellen transportiert wird.

Rekombiniertes Plasmid

Ringförmiges DNA-Molekül aus Bakterien, dem ein zusätzliches DNA-Fragment eingefügt wurde.

Resistenz

Widerstandsfähigkeit oder Unanfälligkeit gegenüber einer Erkrankung.

Restriktionsenzym

Enzym, das in der Lage ist, bestimmte Reihenfolgen an DNA-Bausteinen zu erkennen und an den entsprechenden Stellen den DNA-Faden aufzuschneiden.

Rezessiv

Ein Gen (→) wird dann als rezessiv bezeichnet, wenn das von ihm codierte Merkmal nur dann ausgeprägt wird, wenn es auf beiden Chromosomen vorkommt. So ist beispielsweise das mutierte Gen, welches zu der Krankheit Cystische Fibrose führt, rezessiv. Wenn also auf einem Chromosom eine intakte Kopie des Gens vorliegt, ist der Träger gesund.

Selektion

Auswahl

Sequenz

Die Sequenz eines Gens (→) ist die Reihenfolge der einzelnen DNA-Bausteine. Sie bestimmt den Informationsgehalt des Gens.

Somatische Gentherapie

Die Einführung therapeutischer Gene (→) in Körperzellen von Patienten.

Substitutionstherapie
Therapie, bei der einem Patienten eine Substanz zugeführt wird, die ein Gesunder selbst produziert, die aber beispielsweise durch den Ausfall eines Organs bei dem Kranken fehlt. Bei vielen Diabetes-Patienten etwa muß Insulin ersetzt werden.

Superovulation
Hormonelle Behandlung, die zur gleichzeitigen Reifung mehrerer Eizellen führt.

Transfektion
Das Einbringen von DNA in Zellen.

Transgen
Transgen wird synonym für „gentechnisch verändert" verwendet.

Xenotransplantation
Transplantation eines Organs von einem nicht artverwandten Spender (Tier) auf den Menschen.

Zelle
Lebewesen bestehen aus einer unterschiedlichen Anzahl von Zellen. Im Kern jeder Zelle befindet sich das Erbmaterial. Der Kern ist von einer Zellflüssigkeit (Zytoplasma) umgeben, in der beispielsweise die Proteine synthetisiert werden und andere lebensnotwendige Reaktionen ablaufen.

Zygote
Befruchtete Eizelle.

Zytokin
Protein, das im Blut als Botenstoff zu einer Stimulierung des Immunsystems beiträgt.

VIII. Literaturhinweise

Ethik

Jürgen Hübner: Die neue Verantwortung für das Leben, Ethik im Zeitalter von Gentechnologie und Umweltkrise; Chr. Kaiser Verlag 1986

Kurt Bayertz: GenEthik; Rowohlt 1987

Hartwig von Schubert: Evangelische Ethik und Biotechnologie; Campus Verlag 1991

Albin Eser u.a. (Hrsg.): Lexikon Medizin, Ethik, Recht; Darf die Medizin, was sie kann?; Herder Verlag 1992

Martin Honecker: Grundriß der Sozialethik, S.77-117; De Gruyter 1995

Gentechnik

Sebastian Vogel: Lexikon Gentechnik; Rowohlt 1992

Paul Berg und Maxine Singer: Die Sprache der Gene, Grundlagen der Molekulargenetik; Spektrum Akademischer Verlag 1993

Ernst-Ludwig Winnacker: Am Faden des Lebens, Warum wir die Gentechnik brauchen; Piper Verlag 1993

Colin Tudge: Wir Herren der Schöpfung, Gen-Technik und Gen-Ethik; Spektrum Akademischer Verlag 1994

Schellekens, Huub u.a.: Ingenieure des Lebens, DNA-Moleküle und Gentechniker; Spektrum Akademischer Verlag 1994

Strachan, T.: Das menschliche Genom; Spektrum Akademischer Verlag 1994

Genetische Determinierung: Schicksal aus den Genen? erschienen in der Reihe GSF-Mensch + Umwelt, Magazin des GSF-Forschungszentrums für Umwelt und Gesundheit, 10. Ausgabe 1995 (Per Postkarte unter folgender Adresse zu bestellen: GSF-Forschungszentrum für Umwelt und Gesundheit, Öffentlichkeitsarbeit, Postfach 1129, 85758 Oberschleißheim)

Terry A. Brown: Gentechnologie für Einsteiger, 2. Auflage; Spektrum Akademischer Verlag 1996

Ernst-Ludwig Winnacker: Das Genom, Möglichkeiten und Grenzen der Genforschung; Eichborn Verlag 1996

Gentherapie

Inder Verma: Gentherapie; Spektrum der Wissenschaft, Heft Januar 1991, S. 48-57

Trent, R.J.: Molekulare Medizin; Spektrum Akademischer Verlag 1994

Gentherapie. Biomax Ausgabe 1, Herbst 1995; herausgegeben vom MPG Pressereferat, Hofgartenstraße 2, 80539 München

Gentherapie und Ethik

Bayertz, Kurt, Jörg Schmidtke und Hans-Ludwig Schreiber (Hrsg.): Somatische Gentherapie - Medizinische, ethische und juristische Aspekte; Gustav Fischer-Verlag 1995

Rehmann-Sutter, Christoph und Hansjakob Müller (Hrsg.): Ethik und Gentherapie, Zum praktischen Diskurs um die molekulare Medizin; Attempto Verlag 1995

Krebs, AIDS, Immunsystem

Eberhard Wecker: Immunologie - kurzgefaßt; Spektrum Akademischer Verlag 1990

Harold Varmus und Robert A. Weinberg: Gene und Krebs, Biologische Wurzeln der Tumorentstehung; Spektrum Akademischer Verlag 1994

Nye, K.E. und Parkin, J.M.: HIV und AIDS; Spektrum Akademischer Verlag 1995

IX. Autoren- und Institutsverzeichnis

Anja Haniel ist promovierte Biochemikerin und am Institut Technik-Theologie-Naturwissenschaften als wissenschaftliche Referentin für den Bereich Bio- und Gentechnologie zuständig.

Hermann Hepp ist Professor für Gynäkologie und Geburtshilfe. Professor Hepp ist Ärztlicher Direktor der Frauenklinik im Klinikum Großhadern in München.

Peter Hans Hofschneider ist Professor für Physiologische Chemie an der Ludwig-Maximilians-Universität München und Direktor der Abteilung Virusforschung im Max-Planck-Institut für Biochemie in Martinsried.

Wilhelm Korff ist Professor für Christliche Sozialethik und Vorstand des Instituts für Moraltheologie und Christliche Sozialethik der Katholisch-Theologischen Fakultät der Ludwig-Maximilians-Universität München.

Christian Kupatt ist Arzt und evangelischer Theologe. Als assoziiertes Mitglied des Instituts Technik-Theologie-Naturwissenschaften beschäftigt er sich mit ethischen Konflikten im Bereich der medizinischen Forschung.

Trutz Rendtorff ist Professor für Systematische Theologie mit besonderer Berücksichtigung der Ethik. Er ist Vorstand des Instituts für Systematische Theologie der Evang.-Theol. Fakultät der Ludwig-Maximilians-Universität München. Darüber hinaus ist Professor Rendtorff 2. Vorsitzender des Instituts Technik-Theologie-Naturwissenschaften.

Christian Schwarke ist promovierter evangelischer Theologe. Zur Zeit arbeitet er an einer Habilitation im Fach Theologie und ist wissenschaftlicher Mitarbeiter am Institut Technik-Theologie-Naturwissenschaften.

Ernst-Ludwig Winnacker ist Professor für Biochemie und Leiter des Genzentrums der Ludwig-Maximilians-Universität München. Professor Winnacker ist außerdem 1. Vorsitzender des Instituts Technik-Theologie-Naturwissenschaften.

 **INSTITUT
TECHNIK-THEOLOGIE-NATURWISSENSCHAFTEN**
AN DER LUDWIG-MAXIMILIANS-UNIVERSITÄT MÜNCHEN

Marsstraße 19, 80335 München
Tel.: 089 / 5595 600, Fax: 089 / 5595 608

DER VORSTAND

Prof. Dr. E.-L. *Winnacker*, Genzentrum, LMU München (1. Vorsitzender)
Prof. Dr. Dr. T. *Rendtorff*, Evang. Theol. Fakultät der LMU (2. Vorsitzender)
D. T. *Glaser*, Oberkirchenrat, Evang.-Luth. Landeskirchenamt, München
Dipl.-Volksw. M. *Kölsch*, Vorstandsmitglied der HYPO-Bank (Schatzmeister)
E. *Ratz*, Kirchenrat, München (Geschäftsführer)
Dipl.-Ing. H. *Rauck*, Sprecher des Vorstands der MAN Technologie, München

DER WISSENSCHAFTLICHE BEIRAT

Dipl.-Ing. H. *Rauck*, (Vorsitzender), Sprecher des Vorstands MAN Technologie
Prof. Dr. L. v. *Rosenstiel*, (stv. Vorsitzender), Prorektor der LMU, München
H. *Birkhölzer*, Oberkirchenrat, Evang.-Luth. Landeskirchenamt, München
Dr.Ing. D. *Brosche*, Prokurist der Bayernwerke AG, München
Prof. Dr. H.-G. *Danielmeyer*, München
U. *Leutheusser*, Hauptabteilungsleiterin, Bayerischer Rundfunk, München
Prof. Dr. H.-J. *Fraas*, Evang. Theol. Fakultät der LMU, München
Dr. F. *Greiner*, Direktor der Evang. Akademie, Tutzing
Prof. Dr. Dr. P.H. *Hofschneider*, Direktor im MPI für Biochemie, Martinsried
H. *Kießling*, Ministerialdirektor a.D., München
Prof. Dr. W. *Korff*, München
Prof. Dr. H.-W. *Levi*, München
Prof. Dr. J. *Murken*, Abt. Pädiatr. Genetik, Kinderpoliklinik, LMU München
Prof. Dr. T. *Schroeder-Kurth*, Eibelstadt
Dr. C. *Schütze*, Freier Wissenschaftsjournalist, München

VERÖFFENTLICHUNGEN DES INSTITUTS
TECHNIK-THEOLOGIE-NATURWISSENSCHAFTEN - TTN
IM HERBERT UTZ VERLAG WISSENSCHAFT, MÜNCHEN

Akzente 5

Hermann Hepp, Nikolaus Knoepffler, Christian Schwarke:

Verantwortung und Menschenbild

Beiträge zur interdisziplinären Ethik und Anthropologie

Das im Jahre 1993 gebildete Institut Technik-Theologie-Naturwissenschaften an der Ludwig-Maximilians-Universität München bearbeitet Themen aus dem Bereich der Naturwissenschaften, die einer ethischen Reflexion bedürfen oder notwendige Voraussetzung sind, damit Ethik überhaupt möglich ist.

Band 5 der TTN-Akzente geht dabei auf einige besonders aktuelle Fragestellungen ein. Prof. Hermann Hepp, ärztlicher Direktor der Frauenklinik Großhadern in München, setzt sich in seinem Beitrag mit Fragen der Pränatal- und Frühgeburtsmedizin auseinander.

Ausgehend von der Meldung über die Vernichtung von 2000 tiefgefrorenen Embryonen in England behandelt Nikolaus Knoepffler, wissenschaftlicher Mitarbeiter im Institut TTN, ethische Fragen der Embryonenforschung.

In drei Beiträgen von Christian Schwarke, ebenfalls Mitarbeiter im Institut TTN, werden anthropologische Fragen aus den Bereichen der Evolutionsbiologie, der Gehirnforschung und der Informatik diskutiert. Das gegenwärtig besonders in den USA heftig diskutierte „Leib-Seele-Problem“ greift Nikolaus Knoepffler unter dem Stichwort der „Einmaligkeit des Menschen“ auf. Seine Untersuchung bietet einen Überblick zu den wichtigsten Lösungsversuchen von den Anfängen der Philosophie bis zur Gegenwart.

2., verbesserte Auflage - ISBN 3-89675-035-6
160 Seiten, broschiert
DM 28,-*

Lehrbücher und Unterrichtshilfen
im Herbert Utz Verlag Wissenschaft, München

Roger J. Busch, Anja Haniel

Gen-Ethik

Arbeits- und Orientierungshilfe für den evangelischen Religionsunterricht in der Oberstufe

Diese Untersuchung will eine Orientierungshilfe für Lehrerinnen und Lehrer der Fächer Religion, Ethik und Biologie bieten.

In einem ersten Teil werden die Gentechnologie und ihre Anwendungsmöglichkeiten von einer Fachfrau übersichtlich skizziert.

Im zweiten Teil werden alle relevanten ethischen Aspekte der Gentechnik diskutiert. Hier spannt sich der Bogen von der Sozial- und Umweltverträglichkeit der „grünen" Gentechnik über die Diskussion der „roten" Gentechnik an Tieren bis zur Frage des Einsatzes von Gentechnik in der Humanmedizin. Keimbahntherapie, prädiktive Diagnostik, somatische Gentherapie und das Human Genome Project werden dargestellt und im Zusammenhang unterschiedlicher Einschätzungsweisen einer differenzierenden Bewertung zugeführt. Von besonderer Bedeutung ist der Impuls, diese Fragestellungen hinsichtlich der relevanten Diskussionsebenen wahrzunehmen und in der ethischen Diskussion die Rolle des Handlungssubjektes neu zu übernehmen.

Im dritten Teil skizziert das Buch zwei erprobte Modelle für Studientage an Gymnasien (12. Jahrgangsstufe) mit einer Reihe von Textfolien-Vorlagen mit Basisinformationen zur Gentechnik und einer ausgewählten Literaturliste für Lehrer und Schüler.